中华人物故事汇

中华先烈人物故事汇

罗炳辉

军事科学院解放军党史军史研究中心

学习出版社

中华先烈人物故事汇《罗炳辉》编委会

目 录

Contents

引　子

罗炳辉(1897—1946)，男，汉族，原名罗德富，字宿星，云南省彝良县人。他出生在贫苦人家，因为不堪忍受封建地主阶级的统治和压迫，走出乌蒙山，历尽千辛万苦，参加了革命。他坚持把家仇国恨紧紧相系，将个人理想融入民族解放的执着追求的洪流中，经过千锤百炼，成长为一位坚强的共产主义战士，功勋卓著的无产阶级军事家。

他早年入滇军当兵，参加了讨袁护国战争和北伐战争，从一个普通士兵奋斗为基层军官，出任过滇系军阀唐继尧的副官等比较重要的职务，但他不贪钱色，坚守道德底线，决不同反动军阀、达官贵人同流合污，却一直没能找到正确的报国之路。在 1927 年蒋介石背叛革命，大革命处于低潮时，罗炳辉在中国共产党的感召和指引下，弃暗投明，于1929年7月9日秘密加入中国共产党。1929年11月，他根据中共江西省委的部署，率领吉安县靖卫大队举行武装起义，参加中国工农红军，走上了追寻革命的道路。为此，毛泽东称他是“一心追求真理的将军”。

参加革命后，罗炳辉先后任红军团长、旅长、纵队司令员、军长、军团长等职，参加了中央革命根据地历次反“围剿”作战，率部参加了龙冈、广昌、莲塘、南雄水口、建黎泰、黄陂、草台岗等重要战役战斗，曾获中央革命军事委员会颁发的二等红星奖章。1934年10月，罗炳辉率红九军团参加长征，途中屡担重任，掩护中央机关和红军主力北上，中革军委赞誉红九军团为“战略轻骑”。

全国抗战爆发后，罗炳辉曾以八路军副参谋长名义，在八路军武汉办事处从事统战工作。1939年1月任新四军第1支队副司令员，7月任第5支队司令员，率部开辟皖东抗日根据地。1940年后任江北指挥部副指挥兼第5支队司令员。他作为抗日名将、民族英雄，率部转战大江南北。皖南事变后，他任新四军第2师副师长。1943年

2月接任师长并兼淮南军区司令员等职，为巩固和扩大淮南抗日根据地作出了重要贡献。

抗日战争胜利后，罗炳辉先后任津浦前线野战军第2纵队司令员兼政治委员、山东野战军第2纵队司令员、新四军第2副军长兼山东军区第2副司令员。为保护胜利果实，罗炳辉率部转战鲁南。1946年4月在指挥山东枣庄战斗中，他虽然病情严重，却仍然坚持在前线指挥作战。毛泽东致信要他“多休养，留得青山，是很要紧的”，但罗炳辉置个人生死于度外，坚持指挥部队打胜枣庄这一仗，作为他一生向党的最后献礼。1946年6月21日，他在兰陵病情恶化，不幸逝世，享年49岁。他用毕生的精力投身到中国的民族民主革命之中，真正做到了为革命事业矢志不渝，鞠躬尽瘁，死而后已。

从“奴隶”到将军，罗炳辉成长为一位中国人民解放军的军事家，他的一生充满了坎坷与奋斗、勇敢与牺牲、智慧与传奇。

时光荏苒，斗转星移，但是中国人民没有忘记他。1955年，临沂华东烈士陵园为罗炳辉修建了“瞻容思功”的石像亭；1994 年，中央军委确定罗炳辉为中国人民解放军 36 位军事家之一；2009 年，罗炳辉被评为“100 位为新中国成立作出突出贡献的英雄模范人物”。罗炳辉的伟大功绩和崇高品德，与高山同在，与绿水长流，与祖国大地永存！

01 坎坷从军路

从刚烈少年到投身军营

1897年12月22日，罗炳辉出生在云南省彝良县一个汉族贫农的家里。他家并不是云南本地人，是几代人经过多次迁徙，在清朝道光初年时，由他的太爷爷罗凤鳌带领全家来到这里，就此安家落户，繁衍子孙。罗炳辉爷爷那一代时，家庭生活还是不错的。但那时兵荒马乱，加上官府和当地黑恶势力勾结，不断受到敲诈剥削，导致家道中落。到罗炳辉父亲罗守清成年时，家庭贫困潦倒。罗守清只好一面租地主的几亩地来耕种，一面帮地主打短工，整天忙得不可开交。等到农闲的时候，还得肩挑背扛做些山货小生意。罗守清育有1个女儿、

3 个儿子。罗炳辉是第 2 个孩子，上有姐姐，下有 2 个弟弟。

家里每年微薄的收获一多半向地主交租，剩下的一点儿还要养活一家 6 口人，每到青黄不接的时候只能用野果野菜来充饥。在这样的境遇下，全家人一直在饥寒交迫中苦苦地挣扎。

在那黑暗的社会里，罗炳辉的父母总是期盼着儿女们长大后能有出息，振兴家业。所以在罗炳辉 7 岁那年，父母省吃俭用把他送去上了私塾。可是因为家里被不断剥削沦落成了赤贫，他前前后后勉强读了 3 年书，就只能辍学回家跟着父母种地。

罗炳辉的父亲罗守清是个老实人，生性胆小怕事，对旧社会的压迫不敢吭一声，苦水只能往自己肚子里咽。母亲黄氏则生性刚烈，很有性格，尽管受着封建礼教的束缚，但她对旧社会的剥削、压迫却不甘屈服。

罗炳辉的母亲经常教育他说：“孩子，你要争气呀，长大了不要受人欺负，要帮助咱们穷人除掉这帮恶霸，让大家过上太平的日子。”听到这些话，罗守清吓坏了：“你乱说什么，咱家娃年少气盛，要是跟人家打起来招来横祸，全家就都遭殃了。”

亲身经历着苦难、仇恨，再加上母亲的教育，让罗炳辉从小性格倔强，对地主豪绅的压迫也敢于反抗。11 岁时，他有一次见几个恶霸殴打一个贫苦的农民，就挺身而出，喊道：“你们为什么要欺负人？”

“你这个小崽子，老子们的事，用得着你管吗？”恶霸见来的人只是个破衣烂衫的毛孩子，便吼了起来。

“你们欺负人，还不准别人说话了？天下到底有没有王法？”年少气盛的罗炳辉毫不示弱。

一个恶霸恶狠狠地说：“你个小崽子，这么点儿就这样大胆，长大了还会了得？你爹要是不管教，老子非先弄死你不可！”

但是罗炳辉并没有惧怕，他认为自己路见不平做得很对。多亏几个邻居把他拉到一边，要不然当时就会遇到不测。

1 年后，因为地主恶霸的栽赃诬陷，家里遭受了一场不白之冤。为了消灾，生性懦弱的罗守清四处凑钱托人求情。

罗炳辉十分气愤，当着恶霸的面说：“拿钱塞狗洞，不如去打官司。”还警告恶霸不要欺人太甚，当心遭报应。

恶霸见到一个小孩子居然都敢教训自己，气急败坏地骂道：“老子在这个地方，比任何人都要高三尺！”

少年罗炳辉一点儿不示弱，镇定地喊道：“三尺？三尺才多高？我长大以后，要把你们这些欺负穷人的混蛋都杀光！”

恶霸气急败坏地说：“你个小崽子，不知天高地厚，竟敢惹老子！”说罢便指使手下几个打手去打罗炳辉。

罗炳辉为了避难，就跑到县城一个亲戚家里。在这个亲戚的帮助下，罗炳辉向县官告了那个恶霸的状。

本来，恶霸登门敲诈勒索钱财，罗炳辉家是有理的，然而在那个黑白颠倒的旧社会，穷人根本打不赢官司。特别是断案时，提前收了恶霸被告钱财的县官见原告只是个衣衫褴褛的小孩子，便草草评判了几句，定了个打平手的官司就了结了此案。

这件事传到了乡里，却引起了极大的震动，

太阳打西边出来了，穷人家的孩子告富人的状居然没输。

街坊四邻都说："这个娃娃可不好惹。"

也有的乡亲说："不得了啊，罗家小子得罪了这些恶霸，将来怕是没有活路了。"

听到这些议论，罗守清更加害怕了，他到家就对罗炳辉一顿打骂。母亲黄氏竭力保护，虽然她也怕儿子惹祸，但又为他能这样不屈服、有血性而高兴。

又过了1年，罗炳辉13岁了，长得人高马大、十分壮实。罗守清怕他惹是生非，连累家庭，坚持让他成婚，想用婚姻来拴住他这颗不安定的心。实际上这门娃娃亲在罗炳辉3岁时就由父亲定下了，女方年龄比他大4岁。

罗炳辉结婚不久，罗守清就决定分家，为的是把罗炳辉拴在家里好生安心地过日子。可是罗炳辉不甘心在家忍受地主恶霸的欺负，一心想着到外面去寻求机会。

罗炳辉听人说起彝良县城有个寡妇家带着两个孩子。孩子们小的时候，总是受当地地主欺凌。后来孩子们都当了兵，还随着连队来到彝良县城驻防。他们向部队长官讲了家里的遭遇，长官就带着部队把恶霸头子痛打了一顿，又将恶霸家砸得粉碎。恶霸让县长出面交涉，长官不但不见，还让手下把县长轰了出去。

罗炳辉想，看来要惩治恶霸仅靠自己的力量是不行的，唯一的出路和办法是当兵。于是，他秘密约了朋友一起去投奔滇军当兵。

罗炳辉离家出走以后，父母又气又急，就请人去追赶寻找。罗炳辉跑出去的第 6 天，他的姐夫追上了他。说他母亲为他出走的事哭得死去活来，要他立即回家。他没有办法，只得硬着头皮跟着姐夫回家。

罗炳辉回家后，父亲还是坚持要分家。

主持分家的亲戚用抓阄的形式分配租种的土地，罗炳辉抓到了较好耕种的一块。身体健壮的罗炳辉开始了独立劳动，妻子当时十七八岁，也是家里能吃得了苦的劳动力，所以分家后的第 1 年，收成很不错。农闲时罗炳辉也学着父亲，做一点儿卖山货、药材的小生意，以补贴家用。

罗炳辉16岁那年，妻子给他生了一个儿子，小家庭的日子过得还算幸福美满。正当大家都以为罗炳辉终于可以就此安心地过起安稳日子的时候，罗炳辉却不顾亲友和家人的劝说，离开家乡，再次走向省城昆明去当滇军。可是，当他到达昭通城时，所带的路费却被一个远房亲戚骗光了，他只好卖掉衣服换点饭吃。又返回距家60里的一个亲戚家借了15块银元，再继续赶路。

经过20天的长途跋涉，罗炳辉终于到达了省城昆明。没想到当滇军的手续很苛刻，罗炳辉由于没有人提供担保，报名当兵却被拒之门外。

当兵无门，路费又用光了，罗炳辉又累又饿，他只好先帮人做小工，找个吃饭的地方，待征兵时再找担保补个名字。

开始，罗炳辉帮助泥瓦匠做小工，管三顿饭，每天还给一角钱的工资。但是因为泥瓦匠的雇主对他进行了歧视性的侮辱和打骂，罗炳辉便愤然离开了。一位老工人很同情罗炳辉，又介绍他到别处去做工。做了半个月以后，家有很多财产的老板夫妇见罗炳辉忠厚老实，要收他做义子，让他继承家业。但罗炳辉心中只想当兵，不为所动，谢绝了老板的好意。

后来，一心想参军的罗炳辉听说接近军官可以补录当兵，便去帮滇军里的厨师做事。后来又有人告诉他，后厨根本见不到军官，想当兵就要去帮助马夫做事，因为长官都骑马。罗炳辉为了实现当兵的愿望，就又转去帮助马夫做事。十几天以后，罗炳辉终于幸运地遇见了炮兵大队长刘安华。

刘安华见罗炳辉体格健壮，便笑着问："小伙子，你是几时来的？"接着，又问他多大年纪，哪里人，是来干什么的。耿直的罗炳辉一股脑儿地把自己的想法说了出来。

大队长又问："能不能吃苦？"

罗炳辉爽快地回答说："当兵的都是人，他们吃得了的苦，我也能吃。"

大队长听了很满意，点头笑笑走了。不久，新兵名额下来了，罗炳辉终于实现了多年立志从军的愿望，当上了一名新兵，就在滇军唐继尧的部队里。

纸醉金迷全不染

1915 年冬天罗炳辉参加滇军的时候，卖国贼袁世凯接受了日本企图灭亡中国的“二十一条”，正准备借助日本的支持自立称帝。这些卖国行径立即遭到全国人民的激烈抗议。反袁将领蔡锷秘密从北京回到云南，与云南都督唐继尧等发表通电，宣告云南独立，并组织护国军讨伐袁世凯。当时的罗炳辉，就在护国军里当炮兵。

那时，滇军部队规定对士兵 3 个月考核一次，成绩好的才能得到提升。罗炳辉从开始当兵起，就吃苦耐劳，努力学习，遵守纪律，考核成绩也十分突出。

3 个月以后，他考取为二等兵。又过了 3 个月，他考取为一等兵。又过了 3 个月，他考取为上等兵，当上了副班长。就这样，他经过努力，接连不断地得到提升，薪饷也不断增加。有的老兵虽然看他有些眼红和嫉妒，但看到他是一关一关硬考过来的，也就特别服气，逐渐地还很钦佩罗炳辉。

1918 年的一天，罗炳辉正在操练，突然接到家里的来信，说恶霸逼着他的妻子改嫁，他的母亲前去理论，被恶霸毒打后气绝身亡。罗炳辉看了信，气得昏了过去。醒过来后，发现身边围了十几个关系亲近的战友，大家义愤填膺地说："兄弟，这是血海深仇啊！我们大家议了一下，准备一起带着枪出去帮你回乡报仇，咱们端了那狗恶霸的家，崩了他。"

"各位兄弟，你们的好意我领了，但是私自带枪是犯法的，你们跟我回去，既报不了仇，又会牵连大家。"罗炳辉斩钉截铁地说，"我准备请几天假，亲自带着部队的公文回去处理家事，我相信他们也不敢把我怎么样。"

这时，连长和排长也赶来安慰他，答应给他发公文向当地政府交涉，让他们严惩凶手。并劝他暂时不要回去，要继续发奋努力，争取出人头地，君子报仇十年不晚。这样，有了两年军旅生活和一定人生历练的罗炳辉才打消了立即回家报仇的念头。

第 2 年冬天，罗炳辉的姐夫和二弟突然来部队找他。亲人相见，自然很高兴。当他问及父亲情况时，两人却含着眼泪说："父亲已被县长抓去关了起来，现在生死不明。"

原来，滇军关于追究罗炳辉母亲被害的公文发到彝良县以后，县长十分害怕，就向罗家的仇人、地主王海云通风报信，二人密谋出了一个歹毒的计策：由王海云约罗炳辉的父亲去喝酒吃饭。席间，王海云自己用刀在腿上戳了 3 刀，当场流血倒地，并大喊说罗炳辉的父亲持刀杀人。县长不分青红皂白，马上差人将罗父毒打一顿，然后抓到县衙门里关了起来，同时把罗家的财产洗劫一空，家人还受到通缉。罗炳辉的姐夫和二弟无处藏身，才连夜逃往省城找他。

罗炳辉听完姐夫和二弟的诉说，十分气愤，又想回家报仇。但是得知恶霸已经安排了人手，准备等罗炳辉回去时对他下毒手，器重他的营长怕罗炳辉回去吃亏，便答应他让上级发文保释罗炳辉的父亲，然后再做打算。罗炳辉权衡再三，在战友和家人的劝阻下，决定听从营长的建议，由姐夫和二弟持上级的公文回家营救父亲。

罗炳辉开始当兵时，滇军重视爱国教育，军纪严明，部队讨袁出征时深得人心。后来，由于上层军官贪污腐化，部队素质、军人作风渐渐变差。这样一个环境对罗炳辉来说，确实是一种锻炼和考验。他因为从小受地主恶霸的压迫，当兵以后又目睹旧社会的黑暗，想到父母大仇未报，深感天下受苦的人很多，所以并没有同流合污，还敢打抱不平。

1920 年，大都督唐继尧要选调警卫员，营长就推荐了罗炳辉。经过考察，罗炳辉被选中了，调到唐继尧的身边。第二年，唐继尧手下倒戈，把唐继尧驱逐出云南，逼着他流落到香港。罗炳辉作为随从副官，也和唐继尧一同去了香港。

罗炳辉跟着唐继尧，到香港以后也住进了豪华的公馆里。那时候，他们在香港的一切物资采购和大宗开销都交由罗炳辉负责，大家都看出来罗炳辉是唐继尧的心腹红人和“财神爷”，便纷纷巴结。但是罗炳辉洁身自好，分文不沾。而且，看过各类账目的他终于意识到，军阀的奢侈豪华全是刮的民脂、喝的兵血，他们讲救国救民全是骗人的假话，自己必须另寻光明的出路。他听说孙中山主张三民主义，为民族大义身先士卒；又看到唐继尧以一己私利，攻击孙中山，便对唐继尧失望至极。

因此，他多次对唐继尧说：“司令，我云南老家的事情还没有处理好，我想请几天假，回去为家人料理一下。”

唐继尧知道自己身边只有罗炳辉是忠诚而有担当的人，自然不愿放他回去，便多次推脱道：“不急不急，过了这阵子，会让你回去探家的。”

“我想着回去看看我那些落难的兄弟亲戚，也顺道接济他们一下，”罗炳辉为难地说，“几年没有回去，家道中落，母亲惨死，我也确实没有尽孝。”

“你是我的心腹，家道中落嘛，无非就是个怎么接济他们的问题，你直接给他们寄钱就行了，不要亲自回去。”唐继尧看出了其中的端倪，“你需要什么开销支出都可以自行处理，就是不能擅自离

开，咱们打天下无非是为了钱，你需要钱你拿去，我这足够你用的。”

但是，罗炳辉早已厌恶军阀余孽那种花天酒地、挥霍无度的生活，他决心离开香港，去过军队的艰苦生活，以实现他改变旧制度、为父母报仇的愿望。不得已，他只得私自买了船票，留下一封信，连自己两个月的薪饷也未领，就悄悄地离开了香港。

参加北伐勤征战

云南当局赶走了唐继尧后，为防止唐继尧派人回来活动，对入境人员检查很仔细。罗炳辉费尽周折刚进云南，边防督察官得知他是唐继尧的侍从后，立即将他逮捕，此事一时轰动了昆明。云南军界上下得知罗炳辉是不满唐继尧腐败无能而逃离出来的，对他的品行大加赞赏，随后都赶来说情，不久就将其释放。

罗炳辉在昆明暂住的日子里，一些朋友想留他在滇军里干，但他看到滇军政治上已经腐败透顶，心中去意已决。正在这时，他听说孙中山在广东推行进步政治，加之滇军朱培德部也在那里，便决心离开昆明，投奔孙中山。

那时，称帝失败的袁世凯已经倒台，但直系和奉系军阀仍然在东北、华北和华中地区混战，南方的各路军阀也是争斗不断。1921 年 4 月，孙中山在广州就任非常大总统。罗炳辉知道后，就约了同乡中的 3 个中学毕业生，从昆明动身，准备投奔在桂林的北伐军大本营。

在桂林，罗炳辉找到滇军总司令朱培德，提出要加入北伐军。

“炳辉，你放弃唐继尧给你的优厚待遇来北伐军打仗是何苦呢？”朱培德不解地问。

“报告司令，醉生梦死的生活不是我的人生追求，我全家从小受地主恶霸的欺凌压迫，如果拿着唐继尧搜刮来的民脂民膏像寄生虫一样生活，我跟那些地主恶霸有什么区别？”罗炳辉义愤填膺地说。

“好，说得好！”朱培德听后不禁连声叫好，“我们就是需要你这样的热血青年加入革命的队伍，孙中山先生指引我们就是要为建设民族、民权、民生的新政权而奋斗和献身。”

“司令，您就让我到最前线去杀敌立功吧。”罗炳辉一时求战心切。

“你不用着急，”朱培德笑着说，“我得先把你编入军官将校队学习。这是我的军官储备团，不到万不得已，我还舍不得将你派上第一线的战场，好钢啊，必须用到刀刃上……”

1922 年，孙中山在桂林誓师北伐。朱培德部是参加进攻赣州的一路。罗炳辉被分配担任交通组上尉副组长，由于组长生病，交通组便由他负责。

罗炳辉随北伐军从桂林出发，一路辗转到达赣州。在途中，罗炳辉对民工的劳苦深表同情，对这些民工关怀备至，帮助安排吃饭、住宿，因而民工们对他很亲近，没有一个开小差的。到达赣州以后，罗炳辉领到一笔费用，准备给民工们发工资。可就在这一天，同组的军官却对民工们进行恐吓，说罗组长补发欠款是想收买他们，骗他们去南昌当兵。就这么几句话，一夜之间，几百名民工全部被吓跑了。

第 2 天，罗炳辉要给民工发工资时，却找不到一人。他想到这些民工出了 20 多天的苦力，连回去的盘缠也没有，心里非常难过。可是那些副官、参谋却非常高兴，向他建议：“罗长官，反正这些民工都跑了，天知地知你知我知，不如把你手里的钱分成 3 份，我们几个平分一份，另外两份留给你。”

罗炳辉坚持说：“这笔钱是军饷啊，拿回去必须交还军需处。”

可同组的军官们不同意了，哄了起来：“你太蠢，真是个榆木脑袋，这没头没主的钱交上去还不是军需处发财？”

有的甚至对他进行恐吓：“姓罗的，你还想不想要命？你要是不听大家的，恐怕我们也就对不住了。”

情势所迫，罗炳辉也没有办法，只好同意大家均分，但是他本人却分文都没有要：“我得赶着回去交差了，这些钱，你们都拿去吧。”

罗炳辉不想和那些旧军官同流合污，就留下钱独自赶路了。

没多久，当北伐军向南昌挺进，先头部队已经占领万安县城时，粤军总司令陈炯明突然在广州发动了武装叛乱。他炮轰总统府，孙中山被迫撤离，退居到上海。此时，已经挺进江西的北伐军不得不回师广东，为平定陈炯明又改头换面成了讨逆军。

此时的罗炳辉，随朱培德部屡立战功，深受器重，先后被提拔为连长、营长。在平定陈炯明叛乱、攻打英德的战斗中，罗炳辉只带了一名警卫到敌方阵地劝降，不料刚打出白旗的敌人得到援兵到来的消息，临阵变了卦，将他抓了起来。后来把他转送到赣州监狱，被关押达 9 个月之久，受尽了非人的折磨。

1924 年 2 月，罗炳辉依靠原来滇军战友的出面相助，终于被保释出狱。滇军战友们劝他留在赣南，并且承诺委任他担任副营长兼连长，但他坚决拒绝和那些贪污腐化的旧军队军官们蛇鼠一窝，偷偷化装成逃难的小商人，不辞而别，离开江西进入了广东。

1925 年夏天，罗炳辉在广州又见到了朱培德。朱培德对他依然很器重，委任他为少校副官。不到两个月，委任他为征兵主任，后来又委任他为警卫营营长。

1926 年 7 月，朱培德的部队改编为国民革命军第 3 军，罗炳辉时任第 3 军第 9 师第 25 团第 2 营营长。他和部队从粤北韶关出发，在新余和江西督军邓如琢部的主力决战。经过两昼夜的激战，双方伤亡很大，北伐军终于将邓如琢部的主力击溃了。

在战斗中，才 20 多岁的罗炳辉总是在前面带头冲锋，无所畏惧。一天，午休间歇，部队正在一个小山脚下吃饭，突然飞来一颗流弹，把罗炳辉饭桌上的菜碗打碎了，有的人一时没有反应过来，有的人当场惊得目瞪口呆。

正当大家错愕之际，罗炳辉却镇定自若，好像什么也没发生一样，他风趣地说："看来这子弹真是长了眼睛，存心不让我们吃饭。咱们得搬个地方，不然我们没把肚皮吃饱，跟军阀打仗也没力气呀！”

说完，他就和大家哈哈大笑起来，紧张情绪顿时一扫而光。

接着，罗炳辉率部前进又遇到了孙传芳的部队，血战又开始了。由于受伤感染，罗炳辉的脖子发红变肿，连吃饭、行动都很难，副营长劝他说：“罗营长，你去医治吧，这样拖下去多难受，你先治病，队伍我暂时代你指挥。”

罗炳辉答道：“战斗这样激烈，我哪能轻伤下火线？这些都是咱们出生入死的兄弟们，我不能离开！”

大家也都知道罗炳辉的脾气，他英勇无畏，战时总是亲临第一线指挥，特别是战斗正在激烈进行的情况下，他是绝对不会离开的。但是病情不等人，副营长偷偷上报实情，罗炳辉只是离队进行了简易处理，就又跑回来了。

在攻打南昌的牛行车站时，敌人枪弹像雨点似的飞来，火力十分密集，每前进一步都要付出很大牺牲。罗炳辉却无所畏惧，带头率领全营官兵奋勇冲杀。战斗中，他英勇负伤，身上的军装浸满了鲜血，都不知是自己的还是敌人的。但他忍住剧痛，以惊人的勇敢，怒吼着再次冲入敌阵厮杀。

看到罗炳辉身先士卒，攻击部队也大受鼓舞，居然与占尽优势的敌人激战三天三夜，终于和其他部队一起，攻克了牛行车站，为北伐军攻占南昌打开了通路。这次战斗，罗炳辉所在的第 2 营立下头等功。但是部队伤亡很大，原本 400 人的队伍仅剩下 80 多人。

进驻南昌后，朱培德升任江西省主席兼第 5 路军总司令，本想要升罗炳辉为团长，但因为他不是从云南讲武堂出来的嫡系，也不是军校科班出身的“保定生”，而是纯粹的行伍、工农出身，加之他为人正派，在当时遭到了一些军官的反对，朱培德只好暂且将他从第 2 营调到第 1 营当营长。

02

领导吉安起义

革命思想始萌芽

1927年3月，罗炳辉在南昌参加了赣州总工会委员长陈赞贤烈士的追悼大会，听到朱德同志在现场感人肺腑的讲话，很受鼓舞。会后，他立即去拜见朱德同志。

在交谈中，朱德晓以革命大义，讲述孙中山倡导的“三民主义”“三大政策”等革命主张，此时的罗炳辉，一直陷入深深的迷惘和两难选择之中。他对劳苦大众受压迫受剥削的处境有着切身的体会，比较支持工农革命运动，但是他又不了解共产党的理论和政治主张，仍然对那个自我标榜为“中山信徒”的朱培德深信不疑，便拒绝了朱德的邀请，向朱德表示还是愿留在滇军部队里。

交谈结束时，朱德紧紧握着罗炳辉的手，亲切地讲道：“兄弟，工农兵必须要联合起来，才能打倒军阀、土豪劣绅；只有革命成功了，大家才有工做，有田种，有饭吃，中国才有希望。希望我们有机会再见！”

从那一刻开始，罗炳辉朦胧地感受到了革命的温暖，他仿佛看到了希望，看到了自己一直追寻的光明前途。

1927年的四一二反革命政变和七一五反革命政变后，国民党反动派大肆屠杀共产党员、工人和革命志士，国共合作的北伐战争遭到失败。朱培德经不起蒋介石的压力，也倒向了反动的南京政府一边。蒋介石的叛变、朱培德的倒戈，使罗炳辉极为苦闷。

朱培德倒向蒋介石以后，部队在逐步变质。正义耿直的罗炳辉看到这些部队贪污军饷、吃喝嫖赌的行为，十分憎恨。

罗炳辉经常对下属讲：“当兵的挣的都是血汗钱，这些钱只有父母、兄弟、妻子可以拿着用，因

为当兵的人，都是在烈日蒸烤下或是冰天雪地里扛过来的，尤其都是在战场的枪林弹雨中，出生入死的人。如果我们这些当官的吃兵饷，就是喝兵血，绝对不得好死。买房子会被火烧，买田地会被水冲……”士兵们听到这些态度鲜明的话，高兴地鼓掌。但是那些腐败军官知道了，却对罗炳辉恨之入骨。

同年8月1日，以周恩来为书记的中共前敌委员会领导部队在南昌举行武装起义，打响了同国民党反动派斗争的第一枪，消灭了朱培德在南昌的一部分部队。在这次起义中，罗炳辉所在的部队在南昌城外的小营盘驻地被起义部队缴了械。

起义军给罗炳辉两条路选择：要么加入起义的部队跟着共产党走上革命的道路，要么继续跟随自己熟悉的滇军留在国民党的军队中。那时那地，有着重情重义的朴素报恩心理的罗炳辉还是选择了留下来。南昌起义后，周恩来等率起义部队南下广州，重回南昌的朱培德任命罗炳辉为国民党南昌留守部队的营长。

其后，罗炳辉奉命参加江西“剿共”。他在自己的驻防区域内，反对贪污腐化，主持正义公道，得到了广大人民群众的拥护，百姓纷纷送来牌匾和对联等纪念物品。

1928 年 4 月，朱德同毛泽东率领部队在井冈山会师。朱培德立即命令 5 个团前往“进剿”，罗炳辉也随队前往。在七溪岭战斗中，红军凭着山险伏击成功，朱培德的 5 个团被打垮，第 79 团团长刘安华阵亡。

七溪岭战斗的惨败，特别是他的恩人、招收他进入滇军的伯乐刘安华的阵亡，引起了罗炳辉的深思。他把刘安华当成恩人，因为当年走投无路时是刘安华把他招进滇军，从香港返回昆明被扣是刘安华救他出狱，刘安华当上团长的时候，更是对第 1 营营长罗炳辉信任有加。但是，刘安华就阵亡在他率领的先锋营作战阵地上。罗炳辉在不断地问自己：为什么在北伐中军队所到之处都得到了民众的支持和拥护，而“剿共”时老百姓却转而跟着红军跑？为什么同北洋军阀作战，兵力装备都不占优却是胜多败少？为什么同泥腿子红军作战却是一败再败？他突然发现一个道理，那就是必须依靠民众的力量：那时的国共合作支持的是民众的革命运动，所以革命的力量如火如荼；现在取缔了一切的工农民众组织和运动，公道、正义等能够激发士气的东西，却在现实中统统看不见了。

靖卫大队建武装

第二年春天，工农红军第 4 军离开井冈山，来到江西开展武装斗争。被吓破了胆的吉安商人和财主，专门派代表来到省城，请罗炳辉出山，前往吉安担任靖卫大队大队长，编组地方保安团队，好看护自己的钱粮和土地。同时，研究如何改组地方保安团队的赣、粤、闽边区“剿共”总指挥金汉鼎，也专门发电报给罗炳辉，要他立即去吉安。

金汉鼎是个聪明人，他之所以要罗炳辉去吉安，一是可以借机讨好地方绅商，为自己提供经济支持；二是听了周围人等的介绍，知道罗炳辉在第 3 军时为人正直、作战勇敢。

罗炳辉考虑到吉安城战略位置重要，也实现了再次加入军队的愿望，所以就一口答应，走马上任了。就任以后，责任感使他对所属部队很快进行了整训。

尤其是不允许那些敲诈勒索、欺压百姓的行为。有一次，靖卫大队捉到十几个农民老表，说是“共匪”。罗炳辉亲自进行审问：“你们是哪里的？”

“我们是当地的老百姓。”

罗炳辉又问：“为什么要追随共产党？”

“国民党的苛捐杂税逼死人，地主恶霸欺行霸市逼死人，横竖是死，不如跟着共产党，和国民党拼了，还有活下去的一线希望！”

罗炳辉听了这些话，联想到幼年时自己痛苦的生活经历，认为这些话很有道理。他看到大多数老百姓是拥护共产党的，就明白了共产党是为劳苦大众谋利益的。

于是，他告诉士兵给被抓来的所谓“共匪”准备饭吃，然后每人发一块银元，就把他们放走了。之后，罗炳辉的部下又多次抓到“共匪”，也都被他一一放掉。罗炳辉每每想到被抓来的“共匪”或“嫌疑分子”，大多是无辜的农民老表时，他便十分痛心和焦虑。他开始怀疑自己：“这样干下去，到底是代表谁的利益？”

但是，这些事四处传播，却引起了当地豪绅的不满，他们纷纷指责，还向上级告他私放“共匪”。

吉安县县长是个贪官污吏，他公开指责罗炳辉“剿匪不力”，说：“罗大队长当初任职的时候，很是忠于职守，绅民齐声称颂。可现在却一反之前的承诺，私放‘共匪’要犯，倒行逆施，怨声载道，不知是何道理？”

罗炳辉理直气壮地说：“我所释放的人，都是农民。他们手上有老茧，脚上有硬皮，所以放走时给他们饭吃，道远者给点盘缠，这有什么不对呢？”

那位县长说：“‘剿共’现在是非常时期，宁肯错杀三千，不能放走一个。你放走这么多人，难道就不会有错放的吗？”

罗炳辉一听这话就火了，他冷冷地说：“如果上了酷刑，靠屈打成招抓‘共匪’，别说一个共产党，十个、百个也可能招得出来。”

残酷的现实教育了罗炳辉，使他逐渐地觉悟了、猛醒了。他当时曾对身边的老战友说：“像我们这些光棍汉，在哪里都是受压迫，前两年闹北伐，以为革命成功，劳苦大众有了出头之日。哪知蒋介石翻脸，杀共产党，欺压人民。就是在他的军队里，容不得我们，才落得这样下场。我们都是异乡人，为何聚在一起受这样的苦？还不都是这不平等的社会造成的嘛！现在看得清楚了，只有共产党领导的红军才是为穷苦的人撑腰说话，替穷人打天下的。我在这靖卫大队不过暂且安身，蒋介石逼我们上梁山，我们不如合计合计，痛痛快快地干他一场，为我们受苦人争口气，也不枉做个硬邦邦的男子汉。”

罗炳辉的做法，也引起了中共赣西特委和江西省委的注意。他们认为罗炳辉虽担任了反动的职务，但他本人是穷苦出身，正义感强，容易激发其阶级觉悟；同时认为，人是可以变的，只要有合适的人帮助教育，可以使他向好的方面转化。在认真地分析研究后，党组织决定派人去争取他。

1929 年夏，在吉安乡下练兵的罗炳辉，突然接到北伐时他在滇军的老同事赵醒吾寄来的信。

赵醒吾于 1924 年秘密加入中国共产党，后调到朱培德的部队当参谋，和罗炳辉共事过一段时间。中共江西省委得知赵醒吾与罗炳辉的关系，为了发展壮大党的武装力量，决定派赵醒吾做争取罗炳辉的工作。

通过几次往来，两人决定在吉安罗炳辉的靖卫大队队部秘密会面。

老友相逢，相谈甚欢。罗炳辉十分佩服赵醒吾深厚的才华、政治理论上的深刻见解和正直的人品，赵醒吾也为罗炳辉刚直不阿、英勇无畏的品质所折服。罗炳辉毫不掩饰地表示了对蒋介石叛变革命的不满，对一些官僚政客不抱任何希望。赵醒吾见罗炳辉正义感很强，便引导他说："你是个带兵的人，深知枪杆子的重要。但要真正发挥枪杆子的作用，带兵的人必须有一个清醒的头脑。在当前时形势下，你是不是应该认真想一想：国父的'三大政策'还要不要？救国救民的真正出路在哪里？怎样做才对工农大众有利？”

在赵醒吾的引导下，罗炳辉的思想受到很大的震动，他沉思起来……

通过两次直接交流的面谈，在赵醒吾的进一步启发开导下，罗炳辉终于恍然大悟，对中国共产党救国救民的政策主张有了清醒的认识，他决心脱离反动民团跟着共产党走，为天下劳苦大众战斗。

赵醒吾问罗炳辉："你觉得现在是哪个党的势力大？”

罗炳辉不假思索地回答："表面上看肯定是国民党大，党政军和经济上的一切权力都在国民党手里。但是长期地看还是共产党的势力大，因为广大的工农和劳苦大众都拥护共产党，一旦组织好了，就像是挖墙脚，国民党是一座大洋房子，共产党把墙脚刨空的时候，大房子肯定要倒下来。”

赵醒吾见到罗炳辉认识已经很有深度，就直截了当地问："那你愿意加入中国共产党组织人民群众去挖国民党这座大楼的墙脚吗？”

罗炳辉斩钉截铁地说："我愿意！”

1929年7月，罗炳辉在党内化名"罗南煌"，秘密填写了入党志愿表，加入中国共产党。一周后，罗炳辉接到通知，中共江西省委已批准他为中共正式党员。

经过许多坎坷曲折的罗炳辉，在寻求真理、走向光明的道路上，终于实现了由三民主义到共产主义的转变，走上了革命的征途。

吉安起义创新生

罗炳辉入党以后，遵照党的指示，进行发动吉安起义的准备工作。他首先加强了对靖卫大队的控制，坚决把向往革命的武装力量牢牢地掌握在自己手里。在各种集会上，他有意识地讲工农的痛苦，讲军阀和官僚、地主、资本家的剥削，揭露旧中国尖锐的阶级矛盾，以启发士兵的觉悟。同时，他拿出自己的全部积蓄，买了 30 多支步枪、4 支驳壳枪，增强了部队的武器装备，还以送温暖为名，给士兵每人发了一件毛衣。那时候，国民党军官经常克扣士兵薪饷，已经是怨声载道，而他却这样无微不至地关心士兵生活，大家都打心眼儿里对他非常尊敬，也潜移默化地接受了他所宣传的革命思想。在此期间，他在所辖的连队中团结了大多数的可靠分子，积蓄了很强的群众基础。

罗炳辉利用职务上的便利，积极掩护党的地下工作，使吉安当时的革命斗争和党组织得以顺利发展。对于吉安以及吉安府所辖各县报告的关于共产党活动的情况，凡是经过罗炳辉的，他一方面设法向当地反动机关解释澄清，以求麻痹敌人；另一方面，他及时向党组织密报，帮助不少革命同志脱险、转危为安。

革命形势愈发展，敌人愈感到害怕，“清剿”活动也就越频繁。一天，罗炳辉突然接到湘军旅长成光耀的通知，要他立即参加“剿共”“剿匪”秘密会议。这次会议直到晚上 8 点结束时才准许离开旅部。

事出紧急、迫在眉睫。罗炳辉不顾个人暴露的危险，刚出楼门，立即赶往联络点，去找赣西特委书记刘士奇。他一路上气愤地想：成光耀想一网打尽党的地下组织的计划确实很毒辣，吉安城的同志这么多，必须迅速通知他们转移。

直到晚上 10 点，罗炳辉才等到刘士奇回来。罗炳辉把会议的情况向他作了详细汇报。第 2 天拂晓，吉安城进行了搜查，抓到“嫌疑犯”八九百人。由于提前做了准备，特委和区委迅速转移，没有遭到重大破坏。

这天中午 12 点时，刘士奇告诉罗炳辉说，有两个共产党员被捕了，他们掌握了一些情况，要他设法营救。罗炳辉问明了原委，立即给监狱那边写了字条，说明这两个人是被误抓的。看押的人看到是罗炳辉亲自写的条子，二话没说，就立即把两个被抓的共产党员释放了。

可是，知道罗炳辉政治态度的人越来越多，他的处境也就越来越困难。到了 10 月下旬，社会上就流传着“靖卫大队被赤化了”的说法。地方绅商听了以后如坐针毡，马上向他提出要把分散在乡下的靖卫大队集中到吉安城内来整顿。

形势的急速发展，不允许再拖下去了。于是，由赵醒吾提议并经中共江西省委批准，准备以罗炳辉所掌握的武装为基础，联合杨必恭所掌握的吉水县靖卫大队，由江西地方红军独立第2团、第3团、第4团相配合，预定在苏联十月革命节即11月7日当天，举行以吉安为中心的数县总暴动，以打开赣西地区革命斗争的新局面。

为了进行起义的计划，罗炳辉除加强靖卫大队本身的整顿和控制外，还派出可靠人员到附近县的民团里进行串联，争取更多的人起义参加红军。

正当暴动计划紧张进行的时候，形势突然恶化。化名张铭传的共青团江西省委书记曾道懿被捕后叛变，导致中共江西省委机关被抄，敌人从省委文件上发现有"罗杨两部"（指罗炳辉、杨必恭的两个靖卫大队）的字样。

由于形势的急速逆转，赵醒吾提醒罗炳辉准备提前发起暴动。不料，敌人还是抢先一步采取了行动。

10月底的一天，成光耀突然召开维持地方治安的军事会议。决定当天晚上10时组织全城规模的大搜捕，要将吉安城里的共产党一网打尽。

晚上8时，罗炳辉迅速到接头地点向特委

书记刘士奇报告，让他立即率特委机关一部分撤离。但是，赵醒吾等同志还是因为通知不到而遭到逮捕，里应外合手段夺取吉安的计划被敌人破坏。罗炳辉处于万分危险之中，还被敌人秘密监视起来。

没过几天，吉安当局命令罗炳辉立即将靖卫大队集中到吉安城来整顿，罗炳辉以士兵在乡下发饷才能召回为由，申领了 3000 元军饷，离开吉安城到达乡下值夏镇，焦急地等待党组织的指示。

不久，罗炳辉接到特委要求立即起义的密信，立即着手起义的具体准备：首先就是开始集中队伍，并秘密把城内的武器弹药和现款运到乡下；对各队可靠分子专门作了布置，对来往书信严加检查；对驻军进行侦察，加强警戒，防止驻军采取突然行动；在靖卫大队内部，进一步启发士兵的觉悟。

就在起义的前两天，罗炳辉还检查到地方绅商写给靖卫大队 2 队队长的密信，说“罗大队长已赤化，望注意”等等。果不其然，11 月 15 日凌晨罗炳辉得到报告：2 队队长半夜带着两个人走了，说是去查哨，至今还没有回来。

事态愈发严重、情势十分危急，罗炳辉当机立断，立即采取措施：他把进步可靠的队伍直接集合起来；对反动的土豪武装实行徒手集合，全部进行缴械。

时机已经成熟，罗炳辉立即宣布起义，声明与红军联合。他还宽慰士兵，有可靠的朋友在红军那边，大家不要怕。于是，他率领着 100 多名官兵、急行军到达赣西革命根据地新圩宿营，受到刘士奇、蔡申熙、曾山等领导同志以及当地群众的热烈欢迎。

在欢迎大会上，赣西特委书记刘士奇作了热情洋溢的讲话。刘士奇还在大会上宣布，组织上对罗炳辉等同志是充分信任的，起义的吉安靖卫大队直接编为中国工农红军江西独立第 5 团（不久被编入红 4 团），由罗炳辉任团长。

罗炳辉激动得热泪盈眶，他带头把帽子上的青天白日徽摘了下来，踩在脚下，并代表起义官兵表示了决心："让青天白日见鬼去吧，工农和士兵受尽痛苦，而军阀、官僚、土豪劣绅和地主还享着清福；从今天后，我们就是为着工农大众谋利益的红军战士了，我们要打倒地主、资本家，打倒帝国主义！”

没过几天，起义部队又开回到值夏地区，这回他们已经是人民的队伍，与腐朽的旧军队已经作了决裂，得到了新生。中共赣西特委在这里举行了数千人参加的欢迎起义部队的群众大会，场面极为热烈和壮观。

罗炳辉在会上激动地说：“同胞们，3 天以前我们是吉安靖卫队，在‘剿匪’安民，今天我们打着红旗变成了他们所谓的‘共匪’了，你们不怕前阵子烧你们房子，杀你们的人吗？为什么还来欢迎我呢？”

台下发出山呼海啸般的呼喊声：“你们是我们工农的武装，是红军，是亲人，是为穷苦的工农谋解放的。”

罗炳辉感动而坦诚地说：“今天是我又悲又喜的时候，悲的是过去我是一个小小的刽子手，误杀了我们的工农同胞；喜的是今天我醒悟得还不晚，今后只有为劳苦工农的利益而奋斗到底，只有在共

产党的领导下打倒土豪地主、资本家和帝国主义，求得共产主义的实现，完成人类争取自由幸福解放的使命……”

说到这里，罗炳辉这个魁梧的七尺男儿竟泪如雨下，说不出话来。会场上的群众被罗炳辉的坦诚深深打动，震天的欢呼声响彻旷野。

03 中央苏区的“两脚骑兵”

开展独立游击

吉安起义后，由于没有联系上主力红军，罗炳辉在中共赣西特委的领导下，展开独立游击战。

1929 年年底，罗炳辉带着队伍去打兴国。在先头的遭遇战中，击溃了高兴圩的民团。等到了兴国，当地的靖卫大队虽然有 400 多支枪，很有战斗力，但是其中一部分兵是从国民党滇军出来的，早就仰慕罗炳辉的为人，仗还没打就出来投奔。罗炳辉很顺利地攻占了兴国。

3 天后，赣西特委来信调罗炳辉率部回去准备打吉安。当时正赶上突然下大雪，大家还没有换冬装，许多人都想休息一阵子再走。

罗炳辉马上集合了队伍，宣布道："我不骑马，跟大家一起走。"

部下马上劝罗炳辉，"这下着雪呢，路滑也不好走，一不小心就可能摔伤，还是骑马放心。"

罗炳辉一听，笑了，接着对大家说："咱是革命的队伍，大家都是平等的。我跟你说，走雪路你们还不一定走得过我，不信咱们比试比试，看谁走得快。"

罗炳辉使出这么个激将法，年轻的战士们情绪马上高涨了起来，大家摩拳擦掌高兴地出发了。4 天后，部队就到达了指定地点。

偏偏这个时候，国民党江西当局派了南昌警察大队两个分队 200 多个没经过训练的新兵来吉安配合"剿共"，就驻扎在吉安对面的水东。

罗炳辉觉得送上门的大礼哪有不收的道理，便带上队伍直奔水东。当队伍悄悄地接近国民党军的哨兵时，对方见起义不久的队伍还穿戴着原来靖卫大队的衣帽，也没有什么警惕性，只是盘问了一句:“你们哪个队伍的?”

“我们是靖卫大队的。”罗炳辉一边机智地回答，一边使眼色让部属冲上去直接把愣神儿的哨兵缴了械。

当罗炳辉一群人冲进营房的时候，这些新兵还没起床，一听动静吓得光着身子抱头鼠窜。可是前面是奔流的赣江，后面是红军手中黑洞洞的枪口。除了被当场击毙，就只有束手就擒了。

这一仗打得漂亮，歼敌 150 人，缴枪 100 多支，老百姓都赶来慰劳慰问，当地群众暴动的星火被鼓动成了燎原烈焰。

后来，罗炳辉又率领所属的红 4 团 3 次攻打万安县城。第一次因为准备不充分，也没有积极发动群众，县城没有打下来。第二次罗炳辉找到了敌人守城的薄弱地带，勇猛冲杀，守城的近 200 人的警卫团竟然没来得及招架就土崩瓦解了。当罗炳辉组织部队安抚群众，打开监狱释放无辜百姓时，被害的乡亲一边哭诉着国民党残害他们的罪行，一边感慨地说:“红军真好啊，是我们的救命恩人。”

一时间，很多年轻人直接就报名参加了红军。

国民党政府恼羞成怒，派援军来“进剿”罗炳辉部，不想罗炳辉率红 4 团佯装主动撤出，等敌人立足未稳、放松戒备的时候三打万安，又缴获了一大批物资和装备。

但从客观来说，吉安起义后，罗炳辉率领部队既要与强敌作战周旋，又要时常面对弹尽粮绝的窘境。起义部队成分复杂，没有经过思想改造，有些人发生了动摇，个别人还叛变投了敌。当地的军阀官僚、豪绅地主也派来很多说客，企图策反罗炳辉，承诺罗炳辉如果“浪子回头”，既往不咎，还可以给他 5 万银元和旅长的职位，但罗炳辉始终坚守自己的人生信条，坚定地回绝道：“我是为中国农民和工人而战的，我们深信必将得到最后的胜利。”

敌人见利诱没有奏效，又开始采用挑拨离间的做法。他们散布谣言，说罗炳辉是从红军和莫斯科那边拿到了钱，所以才起义的。罗炳辉没有辩解，直接带领起义的兄弟搜查他自己的房间，大家看到了一个铁的事实，罗炳辉和他们一样，也是穷到一个铜板都没有的。从此，大家更加相信和拥护罗炳辉。

会师红军主力

1929 年年末，罗炳辉和彭德怀、黄公略率领的红 5 军会合。1930 年 2 月，罗炳辉参加了在吉安陂头召开的“二七会议”，认识了许多红军的高级将领，参加了一些重大问题的讨论，受到了很大的教育。更难能可贵的是他第一次见到了毛泽东。

见到有点拘束的罗炳辉，毛泽东笑着说：“你在中国革命极端困难时期，毅然参加中国共产党并带了部队过来，加强了红军的战斗力，打击了国民党，你为工农大众的解放事业立了一次大功劳，你是一个追求真理的将军，党和人民会记着你。”

毛泽东的高度评价让罗炳辉深受鼓舞，他更加感到自己走对了路，也坚定了他跟着党，跟着毛泽东、朱德将革命进行到底的决心。

一天，罗炳辉还特意请毛泽东给他的部队讲话。听说毛泽东来了，战士们怀着崇敬的心情迅速排好了队伍。

毛泽东这个名字，对起义官兵来说并不陌生，都知道“朱毛红军了不起”，早想见到他的真容。听说毛泽东要讲话，大家便列好队，又惊又喜，迫切地等待着。不少人还想，毛泽东可是个大人物，怎么的也要坐轿子来，穿的也一定会很好。

大家正在猜想的时候，罗炳辉突然发出口令：“立正！现在请毛委员给我们讲话！”

其实，毛泽东就站在集合队伍的旁边。他身材高大魁梧，几步就走到了队伍前面。大家见他穿的黄棉衣，裤子也补了补丁，穿的胶鞋也快磨烂了，都感到十分惊奇，没想到这样一位大人物竟跟普通红军战士穿着差不多。

毛泽东讲话时清晰而洪亮，他说：“同志们，知道你们起义了，到红军里来了，我们很欢迎呀！你们辛苦了，据说最近还打了不少胜仗，你们不错，是值得庆贺的。”

“我们红军很苦啊，天只能吃到5分钱的伙食，我们穿的也很差，大是见到的。反动派卡我们的脖子，人民群众也很苦，我们只有到敌人手中去拿。”毛泽东问大家，“你们不怕苦啊？”

“不怕！”战士们响亮地回答。

“能不能战胜困难？”

“能！”

毛泽东的到来，对罗炳辉和红4团全体干部战士是巨大的鼓舞。不久，红军领导人朱德也来到红4团看望部队，罗炳辉对朱德一直很敬佩，这次又见到他自然十分高兴。朱德称赞罗炳辉的起义，称赞红4团接连打胜仗，勉励他们继续努力，消灭更多的敌人。

当时，红军部队里的游击习气还比较严重，罗炳辉任团长以后，第一件事就是集合部队训话，特别强调所有的战士“集合必须迅速，持枪时立正站好，头不能偏斜、帽子不能歪戴，扣好自己的纽扣，不许敞胸露怀，就算遇到蚊虫叮咬，身子也不能动摇，必须坚定地目视前方”。

话音未落，一个来自红军游击队、学生出身

的干部针锋相对地说我们红军可不要这样多的约束，难道打仗时要立正站好才开始打吗？”

罗炳辉见状，语重心长地说：“咱们的队伍，不要纪律行吗？毛委员、朱军长还为红军制定了‘三大纪律六项注意’！没有纪律，就是乌合之众。古今中外这多场作战，没听说不要纪律就能打胜仗的！”

亮剑初战立大功

1930 年 1 月，红 6 军成立，辖 3 个旅。罗炳辉任第 2 旅旅长。不久，旅改为纵队。2 月，赣西南红军的胜利和革命斗争形势的发展，使国民党江西反动当局感到很震惊，他们甚至从湖北调来了独立第 15 旅唐云山部进行增援。唐云山觉得自己是黄埔一期学生，是蒋介石的嫡系部队，装备比较好，根本没有把红军放在眼里，以为“歼灭”红军主力的机会到了。所以，唐旅到吉安后，便担任了

“进剿”部队的正面先锋，分散兵力搜索前进。

朱德、毛泽东根据上述敌情，将红4军和红6军罗炳辉纵队，悄悄集中于根据地内的富田地区，等待时机歼灭唐云山部。2月24日，唐云山率部由北向南出动，孤军深入，兵力分散，刚开始遇到农民赤卫队的零星阻击时，唐云山毫不在意，认为红军原来如此不堪一击，便指挥部队加速追击。没想到到达水南正好进入红军预设好的“口袋”，红军主力立即迅速围拢，向其实施猛烈进攻。

作战中，罗炳辉率部在值夏赤冈山与敌展开了激战，敌军困兽犹斗，对准红6军罗炳辉部队的阵地组织了多次反扑，企图抢占制高点。罗炳辉率领七八百人，在子弹少、火力弱的劣势下，硬是凭着为数不多的长短枪，顶住了敌人的多次反扑。

红6军第2纵队的阵地离红4军第1纵队只有1里多地，通信员在两边来回穿梭，进行联系。第1纵队的小通信员从罗炳辉部队的阵地回来后，咧开嘴笑着对萧克说：“那个胖子司令真的是很沉着、很厉害，敌人的子弹飞过来，他一点也不害怕，仍在指挥战斗。敌军伤亡很大，无法前进，我看他们夺取第 2 纵队的阵地比登天还难。”

在这次战斗中，罗炳辉率红 6 军第 2 纵队从一个方向进攻，英勇顽强，为歼灭唐云山旅作出了较大贡献。这也是罗炳辉率部起义后参加的第一个大仗。

战后的一天，苏区群众送来了一头猪，慰劳部队。炊事员杀猪后，把猪肝拿给罗炳辉吃。罗炳辉很奇怪地问:“这猪肝是哪儿来的?”炊事员告诉他是群众拿来慰劳红军的，他说:“群众慰劳红军是慰劳大家的，可不是慰劳我一个人！就算是慰劳我，也因为我是红军的司令员；司令员一个人就能打仗吗? 群众拿来送给我，我也应分给大家吃……你们这习惯要不得，赶紧拿回去给大家！”

歼灭了唐云山旅这股敌人，红军的军威大振，装备也得到补充，实力增强，使赣西南革命根据地得到巩固和扩大，也使江西的反动武装和土豪劣绅们更加感到恐慌。

同年 6 月，中共红 4 军前委和闽西特委召开会议，决定成立红 12 军，由伍中豪任军长。由于伍中豪因病未到职，由罗炳辉任红 12 军代理军长。不久，伍中豪在战斗中不幸牺牲，就由罗炳辉接任军长。

8 月 1 日，罗炳辉奉命率部袭扰牛行车站，隔着赣江向南昌鸣枪示威，以纪念南昌起义 3 周年。守城赣军听到枪声后如惊弓之鸟，显得极度惊慌，还急调附近部队回防增援南昌。见袭扰的目的已经达到，罗炳辉便率部追随朱德、毛泽东转兵西进，后来决定向湖南挺进。

8 月中旬，红一军团到达万载以西的黄茅时，进一步得知追击红三军团的湘军 4 个团刚刚进至文家市地区，与其他部队距离较远，而且是态势孤立，便决定抓住战机将该部吃掉。8 月 20 日，当红一军团第 3 军、第 4 军向文家市之敌发起突然攻击后，罗炳辉率领红 12 军向孙家塅边攻击边前进。成功歼灭敌人后，罗炳辉率领部队转头南下，向清江这边压迫过来。

红一军团奔袭文家市，毙伤敌 1000 余人，俘敌 1000 余人，缴获长短枪 1500 余支，获得了红一军团成立以来的第一次重大胜利。

在攻打文家市的战斗中，罗炳辉带着两个连

走在前面，当侦知敌人有从文家市撤退的迹象后，立即指挥部队猛扑上去，挡住了敌人的去路，争取了战斗的胜利。

文家市战斗后，部队又开始向长沙推进，总前委决定：“诱歼敌军于工事之外，然后乘胜攻入长沙。”9月初，长沙之敌超过两个团的兵力贸然向城外出击。在统一指挥下，罗炳辉率红12军和红3军、红4军一道，向长沙出击的敌人大举反击，将敌人歼灭在湘江边上，仅俘虏就有1000余人。后获悉增援长沙的国民党大军已到湘潭，失去了攻入长沙的战机。总前委就要求部队转到株洲、萍乡地区等待战机并进行休整。

10月初，在朱德、毛泽东的指挥下，罗炳辉率部一举攻占吉安城，守城的敌军邓英部队和警察大队大约4个团共数百人被歼，其余趁夜色狼狈逃窜。

打下吉安城的意义十分重大，广大苏区人民受到鼓舞，赣西南革命根据地得到巩固发展，引起江西、湖南敌人的极大恐慌。

攻占吉安以后，红12军军部就驻在吉安城

内。在吉安，罗炳辉充分利用熟悉情况的有利条件，领导部队做群众工作、筹款、扩兵。红军进吉安时，秩序井然，商店照常营业。

罗炳辉十分熟悉吉安，进城后首先到自己以前和中共江西特委的接头地点——戴济民诊所，以及其他几家百货商店查看。第二天，毛泽东和朱德到了吉安，在罗炳辉的引见下，戴济民热情地请毛泽东、朱德到他家吃饭。席间，毛泽东劝说戴济民参加革命，为伤病员服务，戴济民从此参加了红军。

罗炳辉向自愿参加红军的 100 多名青年讲话，说："同志们，我们热烈欢迎你们参加红军。红军是工农子弟兵，是为人民闹翻身、求解放的军队。红军要打土豪分田地，要打倒欺负中国人民的帝国主义走狗蒋介石反动派。同志们，你们参加红军很光荣，红军里上下一致、官兵一致、亲密团结。但是，红军有铁的纪律，要坚决服从命令听指挥，这是军人的天职。你们要加强军事训练，努力学习，英勇作战，不怕流血，不怕牺牲……"

这时，各地赤卫军、赤卫队纷纷赶来，红 22

军等部也奉命调进到吉安附近，于是吉安周围数十里到处都红旗飘扬，好不热闹。上级还在城外召开了一个非常热闹的庆祝大会，很多青年群众踊跃报名参军。

据打下吉安后的粗略统计，这时红一军团、红三军团加红 20 军、红 22 军和总直属队合计约 4 万人。罗炳辉便以红 12 军教导队为基础，加以补充、扩编，成立第 3 纵队。这样，红 12 军就有 3 个纵队，部队力量充实了，战斗力有了新的提高。不久，他所属的第 1 纵队、第 2 纵队、第 3 纵队，依次改称为第 34 师、第 35 师、第 36 师。

打下吉安后，1930 年 10 月 7 日，江西省苏维埃政府成立，在吉安城召开了省苏维埃委员会第一次会议，选举曾山为省苏维埃政府主席，罗炳辉为执行委员会委员。

1933 年 8 月 13 日，毛泽东以子任的笔名在《红星》报发表文章，盛赞红军在吉安“轰轰烈烈，把个吉安城变成了新世界”；并指出，攻占吉安，有极大的政治意义，在全国有极大的影响，给进攻的国民党军造成精神上和物质上的极大损失。

04 参加反“围剿”斗争

诱敌深入活捉张辉瓒

1930年11月，蒋介石纠集10万兵力，向中央苏区和红一方面军发动第一次“围剿”。红军按照毛泽东提出的“诱敌深入”方针，将主力退至宁都县黄陂、小布地区隐蔽集结，仅留罗炳辉率红12军第35师担负诱敌任务。

罗炳辉率部与敌人若即若离，边打边退。为了制造仓皇败退的真实感，罗炳辉是下足了功夫。他命令战士们丢下破枪、背包、旧军装、烂草鞋、水壶、马灯和大刀等，甚至把稻草秸秆塞进子弹带丢在路上。后来又升级了表演的内容，罗炳辉要求部队每天都要多做饭菜，一定要把刚做好的大米饭和炖肉等留给追来的敌18师。骄横的张辉瓒看到沿途丢弃的物品还有点将信将疑，发现厉行节约的红军居然连饭菜都顾不上吃就“狼狈”退却，便下达了加速追赶的命令。罗炳辉这个“表演大师”，率领红35师给张辉瓒当了3天“向导”，终于把他引入了龙冈附近的红军预设阵地之中。

29日夜，红军分两路以口袋形布阵，包围了张辉瓒为首的龙冈之敌。30日下午4时，红军发起了最后的总攻。几百支冲锋号同时吹响，漫山遍野的喊杀声如山呼海啸。

张辉瓒指挥部队妄图突围，全部被击退，逐渐被红军压制在毛家坪、万功山一带。张辉瓒只得命令第53旅旅长王捷俊率部抢占万功山，以掩护师部撤退。王捷俊带领部队像黑压压的蚂蚁一样向山顶爬去。正在这时，罗炳辉率领的红35师也赶到了万功山背面的山脚下。时间就是胜利，罗炳辉身先士卒、带头登山。红35师的官兵们也不再是诱敌深入时伪装的羸弱和散漫，大家生龙活虎、奋勇争先，终于抢先一步登顶万功山。

王捷俊带领部队几乎到达山顶的时候，突然看到了罗炳辉带领的红35师以及红12军其他部队居高临下架起来的黑洞洞的枪口。王捷俊数次组织攻击，都已经成为徒劳。第53旅参加抢占制高点战斗的官兵，迅速被罗炳辉组织的火力击溃。

战至下午6时许，整个龙冈已经是漫山遍野红旗飘扬，一片“缴枪不杀”的喊声响彻云霄。太阳还没有下山，战斗已经全部结束了。龙冈一战，全歼第18师师部和两个整旅近1万人。

红军粉碎了国民党蒋介石发动的第一次“围剿”。战后，毛泽东夸奖罗炳辉是“牵牛鼻子的能手”。

接“二”连“三”反“围剿”

1931年4月，蒋介石调集20万兵力，任命军政部长何应钦兼任陆海空军总司令南昌行营主任组织对中央苏区进行第二次“围剿”。

5月16日，罗炳辉部红12军第64师会同红3军和红4军，与敌王金钰部激战观音崖、九寸岭，取得了第二次反“围剿”的第一个胜利。红12军余部15日占领了大山垴，牵制了上坊、罗坊、潭头3个方向之敌，保证了战斗的胜利。22日，罗炳辉率红12军为总预备队，支援主力在中村歼灭了国民党高树勋第27师近一个旅，取得第二次反“围剿”的第三个胜利。27日，红军三路进攻广昌，罗炳辉率红12军为右路。晚9时，红军发动猛攻，终于攻克了广昌。

28日，总前委决定以彭德怀率红三军团和罗炳辉率红12军，突袭福建建宁。29日拂晓，彭德怀部为左翼，罗炳辉部为右翼，直逼建宁。经过几个小时激战，罗炳辉部占领了敌人的东山炮台，以猛烈火力扫射敌军。红三军团也突破了北门城墙。罗炳辉呐喊着率部攻入南门，穿过南门广场，直捣刘和鼎师部。

攻占建宁以后，罗炳辉带人上街进行巡查。建宁街头和平常一样，商店照常营业，人们熙来攘往，依旧十分热闹。这时，罗炳辉遇到了王挺俊、徐建和窦瑞等国民党俘虏，他们经过改造都成了红军军医。

大家散了会儿步，罗炳辉邀请大家一起找个饭馆坐坐。最后在东门附近的一家小饭馆，4 个人一起上了二楼，围着一张方桌坐了下来。

罗炳辉点了梅菜烧猪肉、鲜笋炒鸡蛋等 4 个热菜，又点了一壶酒。但是酒菜上来以后，其他 3 个人就是不动筷子。

罗炳辉笑着说："现在咱们都是红军了，都不要见外，赶紧动筷子啊。也没啥大鱼大肉，都是当地土菜，大家将就着吃点。"

接着，他拿自己做例子，给大家讲起了自己在吉安起义前后的经历，对比了国民党和共产党的不同。

5 月末的福建天气已经很热，罗炳辉身体胖还喝了酒，自然出了一头大汗。他一边擦汗一边说："江西搞了土地革命，农民都分到了土地。他们得到了土地，就把子弟送去当红军，所以红军现在很强大。你看，蒋介石两次来进攻红军，都被打败了。红军兵员是不成问题的，蒋介石武器虽好，也都被红军夺来了，所以红军将士都叫蒋介石运输大队长。”

看到大家都比较赞同自己的看法，罗炳辉继续说：“同志们，今天这顿饭是我做东请大家。你们现在是红军的军医了，回去还得好好工作啊！”

红军“七百里驱十五日”，五战五捷，歼敌3万余人，缴各式武器2万余件，取得了第二次反“围剿”的胜利。罗炳辉以行军神速，堪比“飞将军”，被群众称为“罗炳飞”。

1931年6月，恼羞成怒的蒋介石自任总司令，随带德、日、英军事顾问，统兵30万，采取“长驱直入，三路合击”的战略，对中央苏区发动了第三次“围剿”。

蒋介石气急败坏，用密集包围的方法向红军袭来，形势十分危急。莲塘、良村、黄陂等战斗后，毛泽东亲自向罗炳辉交代任务，要红12军伪装成红军主力，向东北突围，声东击西，掩护主力南移兴国。第二天一早，罗炳辉率领部队扬旗鸣号，大张旗鼓，伪装成主力做出突围的阵势，浩浩荡荡地从国民党军的间隙中穿插过去。正在向东开进的国民党军队误以为这就是红军主力，果然追了上来。但是老谋深算的蒋介石心生疑惑，赶紧派飞机侦察。

罗炳辉早就料到他会来这一手，为了进一步迷惑和牵制敌人，他命令队伍拉长队形，用马匹在干燥的大路上拖着树枝，扬起漫天灰尘，做出准备浩荡北进的阵仗。罗炳辉下达了“拉开距离，旗子打开”的命令，排拉成连、连拉成营，有红旗的展开红旗，没有红旗的就拿出各种花色的包袱皮，高高地摇晃着。敌机从空中看下去，只见红旗漫卷，烟尘滚滚，足有3万红军全数北上的气势，连忙回去汇报。此外，罗炳辉还命令利用无线电台以各种代号联络，发假电报说要攻打抚州和南昌。这下可好，一时间“围剿”苏区中心区域的国民党军反倒是自己的阵脚大乱。

这回，蒋介石真的上当了，马上命令大军尾随着追来。为了使蒋介石把钩子咬得更紧，罗炳辉发动全军，摆起了迷魂阵：在岔路口，写上“第三军团由此向北”“第四军团向东前进”的路标。宿营时，故意多设行军灶，多借用房子，还在门板上大写“某某同志速到前面找我”的留言，署名都写上红军将领名字。

国民党军队还真的把钩咬死了，紧紧跟着罗炳辉的屁股走。罗炳辉看到时机成熟，便命令部队哪座山高爬哪座山，哪条路险走哪条路。这对于装备笨重、缺乏山地作战经验的国民党军队来说，真是苦不堪言。罗炳辉牵着他们的“牛鼻子”，在崎岖山道上行进了半个月，蒋军国民党军队来回辗转，却处处扑空。

终于，蒋介石发现自己上当了，但这时红军主力已休整半个月，反倒是国民党军已被拖得疲惫不堪，丧失了进攻能力。9 月初，蒋军开始总退却。红军乘势反击，两个半月歼敌 3 万余人，缴枪 1.5 万余支，取得了第三次反“围剿”的胜利。

9 月 16 日，罗炳辉参加了庆祝第三次反“围剿”胜利大会。会上，毛泽东总政委对朱德总司令说：“我们根据地有红一军团、红三军团，还要再成立几个军团，壮大工农武装，来一个五指成拳。”随后，他又指着罗炳辉说：“让老罗当个军团长，你看怎么样啊？”朱德点点头：“我完全同意，老罗带个军团没问题的。你那个十六字诀，老罗学得真不错，运动战打得是真漂亮！”

武平上杭插红旗

1932年2月下旬，按照中革军委的指示，罗炳辉率领红12军主力向（上）杭武（平）边境挺近，准备歼灭盘踞在武平、上杭的国民党钟绍奎部。2月23日上午10时，红12军向武平县城发起了攻击。

钟绍奎把手下由青壮年组成的3营主力当作“敢死队”，给每人发了15块钱，并进行了反动的蛊惑，使得这群亡命徒疯狂地向红军冲锋。没想到罗炳辉就是不信邪，坚持以血还血、以牙还牙，经过2小时激战，终于击溃了“敢死队”，逼迫他们弃城逃跑。但是罗炳辉并没有停下脚步，他命令红12军乘胜追击，将钟绍奎的部队打得落花流水，纷纷夺路而逃。此后，罗炳辉率领部队一边消灭武平周边土匪，抓捕土豪劣绅；一边挥师直逼上杭。上杭城城墙坚固、三面环水，本来也是罗炳辉部队前进路上的绊脚石之一，但没想到的是，守军听说来的是足智多谋的罗炳辉，便不战而逃了。这样，红军在 12 天里连下武平、上杭两座县城，名声大噪，军威大振，巩固和发展了闽西的苏区，振奋了群众的情绪。捷报传来，已经从上海到达中央苏区的苏区中央局书记周恩来，特地撰写了《红军十二军占领杭武的意义》。他在文中热情洋溢地写道：上杭、武平攻下，“闽西地主豪绅所恃以支持的城堡，一下子便攻破，将红旗插到武平、上杭城上，这是革命战争的新胜利，这是闽西苏区的新局面”。

罗炳辉的部队之所以能够屡战屡胜，除了部队骁勇善战、训练有素，同时也与地方百姓的支持分不开。一天傍晚，罗炳辉的警卫员小张去打饭，回来时不小心把饭盆刮到门框上，饭菜洒了一地。这惊动了正在办公的罗炳辉，他走过来，二话没说，弯腰把比较干净的饭菜一点一点捡回饭盆里，又让小张把剩下的沾了许多沙子的饭菜扫起来，送给房东喂鸡，然后便开始吃饭。半晌小张才反应过来，急忙去抢罗炳辉手里的饭盆，说要为军长重打一份。

罗炳辉拦住他说："这不是挺好的饭吗？打仗的时候，有时连这样的饭都吃不上呢！"说着，便津津有味地吃起来。

当晚，心里一直过意不去的小张主动找罗炳辉作检讨。罗炳辉听后，语重心长地说："你不要为我吃了点沙子饭而难过啦，今后做事要稳重一些。作为一个红军战士，首先要知道爱惜粮食，要知道粮食的重要。我们现在生活在根据地里面，群众千方百计支援我们，所以我们才有饭吃。可是你知道吗，老百姓生活还很艰苦，特别是遭到敌人的破坏后，粮食问题仍然很紧张！在这样的条件下，每一粒粮食都很珍贵。如果我们糟蹋掉了群众的粮食，那我们就是对群众犯了罪……"

听着罗炳辉的谆谆教导，小张感动得哭了，从此他做事更加稳重，对粮食也更加珍惜了。

还有一次，红 12 军回到上杭休整。在此期间，部队举行了一次军事演习，第 34 师的一个连在冲锋时只顾抢占山头，踏坏了地里的庄稼，损害了群众的利益。

罗炳辉得知后，立即召开会议，责令政治部去给群众赔礼道歉，并根据损坏情况进行赔偿。同时，他严肃地批评了那个连的连长，并以此为例，在全军开展了一次爱护群众利益的教育。

罗炳辉严厉指出："我们工农红军，是为穷苦老百姓打天下的，如果我们为他们打得了天下，而又不保护他们的利益，单纯地为打仗而打仗，这样的仗，打了又有什么意义呢？"

罗炳辉的话语重心长，使大家深受教育，都纷纷检讨自己的错误。事后，老百姓也很感动，说这样的干部才是自己的干部。由于补救及时，不仅没有损害群众对红军的信任，反而增进了军民团结。

1932 年 6 月底，国民党粤军大举入侵赣南苏区，与蒋介石其他的 7 个师互相策应，向中央苏区逼进。

7 月初，红五军团开始向进到南雄及水口地区的敌军反击。红五军团的攻击十分勇猛，敌军只好败退到水口一带的高地上，和赶来的援军负隅顽抗。由于情报的误差，红五军团把敌人的 9 个团当成了 3 个团，结果战况越来越吃紧。朱德了解到这个情况后，急调红一军团和罗炳辉所率领的红 12 军，迅速开向水口方面，增援红五军团。这样一来，敌我双方当即展开了激烈的冲锋肉搏战。

那是 1932 年 7 月 10 日早晨，红 12 军、红一军团相继到达水口地区增援红五军团。11 时，罗炳辉率红 12 军协同红一军团从浈水北岸，红五军团从浈水南岸两个方向上向水口的粤军发动总攻。经过 1 小时的激战，英勇的红军终于将粤军击溃。到晚上 7 时，溃退的粤军退入了南雄城，红军追击部队便返回了水口集结。

这确实是一场杀得昏天黑地的恶战，粤军兵多势众、弹药充足，固守南雄水口阵地，加之参战的粤军训练完备，素以“铁军”自居，想拼命守住广东北方的大门。红军为了保卫苏区，保卫土地革命的成果，也都奋勇冲杀，和敌人展开肉搏战。在战斗中，罗炳辉紧张地指挥部队，冲击敌人，这是他在苏区反“围剿”战斗以来未曾遇到过的激烈的

肉搏战。战场上一片喊杀声、冲锋声，步枪、手榴弹都起不了作用，只有刺刀和大刀在夕阳的余晖下闪闪发光，分不清敌我阵地的界线。战场上到处是尸体，鲜血染红了沟渠中的流水。

水口战役使国民党粤军将领陈济棠认识到了红军坚强的战斗力，他为了保存实力，命令粤军全部从赣南苏区撤退。在粤军下层中，流传着“铁军”碰到了“钢军”的传说。

五次反“围剿”担重任

1932年10月，罗炳辉任红22军军长。1933年10月，蒋介石又调集了50万大军，空军5个大队掩护和支援地面部队。对中央苏区开始了第五次“围剿”。这一次，蒋介石坐镇南昌，亲自指挥，他改变了前四次“围剿”中采用的长驱直入的战略，改成了采取持久战和“堡垒主义”的新战略，同时对苏区进行经济封锁，企图逐步压缩和摧毁苏区。当时由王明“左”倾路线统治着的临时中央，完全剥夺了毛泽东对红军的指挥权，先是采用“全线出击”的冒险主义的战略，之后又实行全线抵御、处处设防、节节抵抗的战略。兵力分散，十分被动。

在第五次反“围剿”开始前的 1933 年 6 月初，红一方面军进行了一次大整编，罗炳辉由红 22 军军长改任红一军团第 1 师师长。第五次反“围剿”作战刚一开始，红一军团就开向宜黄方面阻击国民党部队。罗炳辉的第 1 师会同第 2 师担负了围攻宜黄敌军的攻坚任务，他指挥红军分路攻击敌人阵地，取得了一些局部胜利，但是由于作战力量的悬殊等原因，红军对宜黄的攻击始终未能奏效。

1933 年 10 月，红七军团和红九军团成立。罗炳辉任红九军团的军团长。1934 年 4 月，红九军团奉命会同红一军团、红三军团等部保卫广昌。

当时，毛泽东曾建议红军突围向苏浙皖地区敌人后方挺进，调动敌军，歼灭敌人有生力量，以达到粉碎第五次“围剿”的目的。但“左”倾冒险主义者却拒绝了毛泽东的建议，采取堡垒对堡垒的战术，调集了红军主力红一军团、红三军团、红九军团和红五军团第13师等共9个师，同敌人决战。

红九军团在这次广昌战斗中，担负的任务是坚守广昌以北的白舍一带的阵地，侦察敌人兵力，牵制及推迟敌人对广昌的进攻。罗炳辉指挥所属的第3师和第14师，昼夜不息地守住阵地，有时突击敌方阵线，有时连续击退敌军的冲锋。

有一次，敌人在冲锋前进行迫击炮、野炮的火力射击，在罗炳辉的指挥所前落下一颗炮弹，罗炳辉听见炮弹在近空飞来的声音时，急忙打手势要警卫员和身边的参谋迅速扑倒在地面。与此同时，炮弹落地爆炸了，飞溅的沙土落到他们身上。这时，罗炳辉又急忙命令参谋和警卫员，冲到前面新地点扑地卧倒。此时，另一颗炮弹就在他们原来卧倒的地方爆炸了。后来，参谋问罗炳辉为什么知道第二个炮弹要落的地方。罗炳辉笑着告诉参谋说：“我当过炮兵，当然知道炮弹射击的规律。”

红九军团在广昌保卫战中，浴血奋战，死打硬拼 18 天，付出了惨重的代价。奉命撤出战场时，第 14 师几乎打光了，第 3 师伤亡也很大。

1934 年 7 月，中革军委命令寻淮洲、粟裕率领的红七军团组成抗日先遣队，从江西瑞金出发，经闽浙边转入赣东北，与方志敏率领的红 10 军会合，挺进到江南抗日前线，推动抗日救国运动的发展，调动和牵制国民党军“围剿”中央苏区的兵力，减轻中央苏区的压力。红九军团奉命掩护红七军团渡过闽江，从连城的大陶、小陶过河，在南平至福州中间的尤溪、闽清渡江。

罗炳辉指挥红九军团占领了尤溪以东的樟湖坂、谢坊、吴坊等地，掩护红七军团过江后又奉命回到苏区。

樟湖坂位于闽江下游的南岸，从福州至南平的小火轮把这里作为一个中间站，来往商旅多在此地登岸休息。红九军团司令部就驻扎在一排漂亮的洋房里。红军到达樟湖坂之前，军阀卢兴邦为了维持他的反动统治，不惜血本建立了一座兵工厂，专门为他生产弹药。在这不久前，他从日本购买了一批炸药，共计 3 万多斤，刚从福州马尾港口运来尤溪口。在红军东进部队的强大攻势下，卢兴邦闻风逃窜，炸药被红军缴获。这可是苏区急需的。当时，苏区受到国民党军的严密封锁和包围，各种物资供应极端困难，在第五次反“围剿”后期，苏区兵工厂造子弹竟没有了火药。此外，红军还缴获了苏区紧缺的食盐（当时苏区食盐是一块现洋一两）等许多军用物资。看着缴获的物资，罗炳辉兴奋地说：“这是好东西，要好好保护下来。”

在樟湖坂休息时，闽江中开来一艘轮船。罗炳辉用望远镜一看说：“这是国民党的洋船。”随即命令做好战斗准备，以武力胁迫轮船开过来。船靠岸后，发现装有不少布、食盐、衣服和武器等军用物资。罗炳辉下令没收，装备部队。

对于这些意外收获，中革军委极为重视，命令红九军团将宝贵的炸药和食盐全部运回苏区。罗炳辉马上加紧进行动员，讲明这批炸药和食盐对于苏区的重要性、把它们安全运回苏区的重大意义。

罗炳辉特别强调说：“同志们，蒋介石反动派卡我们的脖子，红军和苏区人民已经好几个月没有吃上盐了。今天，每个干部和战士，都要担一石盐回去。我们要想到中央，想到红军总部，想到毛委员、朱总司令，想到广大红军战士和苏区人民，希望每个同志尽最大努力挑盐，力大的自觉拣重的挑。途中还要准备与敌人战斗，只要没牺牲，我们就要把盐挑到中央苏区。”

在他们的动员下，尽管路途遥远，背负物资过多，不利于行军打仗，但大家都争先恐后地抢着背东西。

同时，鉴于路途遥远，火药容易受损，罗炳辉命令工兵连配合当地木工，连夜赶制大批木箱，把大箱装的炸药分装在小箱内，每箱二三十斤，同时还把大袋的食盐也分装成小袋。

随后，军团部下发通知：机关干部每人携带一箱炸药，其他人员及直属队人员，或 3 人挑 2 担，或 4 人挑 3 担，乘骑的骡马均各驮 6 箱。经过几天的紧张准备，全军组成了浩浩荡荡的运输大军。又经过十几天的时间，所有的物资终于送到了中革军委和总部的手中。

在第五次反“围剿”作战中，罗炳辉率部担

任外围作战打游击，“牵牛鼻子”牵出了大名堂，配合主力打了很多漂亮仗。他们经常钻在敌人几个师的围堵之中，要分散马上分散，要集中立刻集中，一天一夜可以强行军一二百里，周恩来曾高度赞誉红九军团为“战略骑兵”。

05 长征路上扬威名

冲破封锁到遵义

在王明等领导人“左”倾路线的错误指导下，红军人员不断消耗，苏区不断缩小，最后苏区的兴国、宁都、石城一线都相继失陷，粉碎敌人第五次“围剿”的希望完全丧失，这时的中共中央不得不决定让中央红军的主力撤离苏区。

罗炳辉率领的红九军团，奉命监视敌人，掩护红军主力进行突围转移。中央红军的行军阵形分为左、右两路，左后方是红九军团。当红九军团从安西附近经过时，和罗炳辉交过手的国民党粤军知道罗炳辉的厉害，为了保存实力全线退守，只派出两个连向红军袭击。罗炳辉指挥红九军团部队轻而易举地将敌人击退。

蒋介石的第二道封锁线设在湖南桂东、汝城到广东城口一线的山上。这里布满了碉堡群，但守军多是保安部队，国民党正规军则驻在纵深处的内线。中革军委命令红九军团等部消灭汝城西南延寿圩的湘军王东原 4 个团。这样，红九军团在汝城延寿圩与敌人打了一仗，部队减员不少。但是，红军且战且走，还是冲破了敌人的第二道封锁线。

国民党反动派的第三道封锁线设在粤汉铁路湘粤边良田到宜章、乐昌之间。红军主力控制了乐昌东北的九峰山制高点，占领了宜章、良田等县城，整个部队在九峰山以北通过粤汉路封锁线，向湘西前进。在过九峰山的时候，天降暴雨，道路泥泞，行动十分困难。罗炳辉的骡马掉了队，他只好徒步行军。途中，正好遇到了红 2 师第 4 团政委杨成武，杨成武立即送给罗炳辉 1 匹骡马，并派人把他送到了宿营地。

红军在湘桂粤边占领了临武、蓝山、江华（水口）等县。所到的地方，没收当铺、粮仓，分给贫穷的群众。

在江华（水口）住宿时，南面广西的国民党军距离红军只有30里，罗炳辉命令部队将潇水河上的桥炸掉，阻止国民党桂军过河袭扰，红军在此休息了一两天，然后再踏上征途。

国民党反动派堵截红军的第四道封锁线，设在湘桂边境的潇水与湘水两条河流地区，湘、粤、桂各省敌军以及蒋介石的嫡系部队共25个师，分布在衡阳到全州、道县一线，有140多座碉堡。蒋介石企图在潇水和湘水区域截击红军，准备依托湘江之险，对中央红军进行围追堵截，把中央红军歼灭在湘江以东地区。

11月16日夜，红九军团接到了军委的命令，国民党军12个旅已经在他们后面尾随，要罗炳辉想办法抓紧甩掉他们。在苏区就被誉为“双脚骑兵”的罗炳辉部队立即冒着疾风冷雨，连夜西进。泥泞的山路、恶劣的天气，并没有阻挡住红军战士的坚强意志。后来天气略有好转，为了加快行军速度，罗炳辉便命令大家可以点起火把进行照明。于是，有人买来拳头粗细的竹筒，破开后灌上松油点起来；有人把麻秆捆成火把，蘸上煤油点起来；有人用瓷筒塞上棉花，灌上煤油点起来……各式各样的火把，亮着温暖的火光，在风雨潇潇、夜色茫茫中形成了闪耀着光辉的“火龙”，蜿蜒地行进着。终于，17日的中午时分，部队赶到烂场圩宿营。在这里，只剩下四五千人的红九军团进行了整编，改归中革军委直接指挥。

之后的几天，红军一直日夜兼程在风雨中行军，十分疲惫。为了迅速渡过湘江，中央红军主力按照上级命令，向湘江急行军。27日，红一军团先头部队顺利渡过湘江，开始架设浮桥。但是博古、李德等人不肯丢弃“坛坛罐罐”，不愿放弃辎重装备，致使部队行动迟缓。在湘江两岸掩护全军渡江的红一军团、红三军团只得与数倍于己的国民党军队展开激烈的争夺战，付出了沉重的代价。

红军的生死存亡，就在这千钧一发之际，中革军委规定红九军团在紧急情况下作为红一军团的预备队。12月1日早晨，国民党桂军和“追剿”部队的主力，在湘江渡口向红军各部队发起了全线攻击。红军全体将士发扬英勇顽强的战斗精神，面对牺牲无所畏惧，用刺刀、手榴弹打垮了国民党军整连、整营的一次次冲锋。危急时刻，罗炳辉带领部队左突右杀，坚定地鼓动着战友：“同志们，我们一定要把敌人顶住，无论付出多大代价，都要保住先头部队渡过湘江。”

经过近一天的激战，到 17 时，中共中央、中革军委机关和红军大部都渡过了湘江。

深夜时分，红九军团兵分十路纵队，开始强行渡江。12 月的寒冬之夜，满天都是璀璨的星光。之前架设的浮桥已经被敌人炮火炸断，只能进行武装泅渡。罗炳辉要求会水的战士先游到对岸，在水上拉起绳子，让水性不好的同志拉着绳子去往对岸。在队伍的后面，战斗仍在继续，枪炮声划破冬夜的寂静。时而落入水中的迫击炮弹，溅起激烈的水花。

终于，红九军团渡过了湘江。虽然敌强我弱，但是因为罗炳辉指挥的游击运动战很有章法，红九军团在湘江战役中的损失不算大，仅有百人伤亡。这和罗炳辉指挥大家迷惑敌人，和敌人周旋有着很大的关系。

1934 年 12 月，红军从湘、桂边转移到贵州

脸微笑，就是不表态。

这时候，有人说："把手榴弹朝敌人甩过去，等爆炸后就可以趁着烟雾跑出去。"

听到这个回答，罗炳辉点头说："对，这个办法好，这就是毛泽东同志提倡的，保存自己，再消灭敌人。"

1935 年 1 月，党中央在贵州遵义召开政治局扩大会议，集中解决当时具有决定意义的军事和组织问题。会后不久，在向云南扎西地区进军途中，中央政治局常委决定由张闻天代替博古负总的责任，毛泽东为周恩来在军事上的帮助者，后成立由毛泽东、周恩来、王稼祥组成的 3 人小组，负责全军的军事行动。遵义会议是党的历史上一个生死攸关的转折点，事实上确立了毛泽东在党中央和红军的领导地位，开始确立了以毛泽东为主要代表的马克思主义正确路线在党中央的领导地位，开始形成以毛泽东为核心的第一代中央领导集体，在最危急的关头挽救了党、挽救了红军、挽救了中国革命。

本来这次会议召开前夕，罗炳辉、蔡树藩和

驻红九军团的中央代表凯丰已经接到了周恩来的电报，通知他们一起去参加在遵义召开的政治局扩大会议。但是经过商议，考虑到要在瞬息万变的情况下确保在遵义的中共中央和红军主力的安全，罗炳辉和蔡树藩决定留在湄潭，由凯丰作为代表去参加遵义会议。

虽然没有参加遵义会议，但是罗炳辉还是在日常生活中对身边的参谋彭寿生说："红军是毛主席亲手创建的工农武装，我罗炳辉也是在毛主席指引下走上革命道路的。我们坚决拥护毛主席，反对'左'倾机会主义路线。""反第五次'围剿'以来憋在心头的话，我要全都倒出来，杀头也要说。"

遵义会议后，毛泽东、周恩来、朱德等中央领导同志都找红九军团的干部谈过话，罗炳辉表示坚决拥护遵义会议的决定，拥护毛泽东为首的军事3人小组的领导。他说，他从五次反"围剿"以来，就感到这种硬碰硬的攻坚战、阵地战的对敌战略战术是不适合红军的；过去毛泽东、朱德指挥的运动战、游击战术，在实战中才是克敌制胜的法宝。

孤军牵敌乌江北

1935 年 1 月 20 日，中革军委下达了《关于渡江的作战计划》，决定中央红军分 3 路向赤水河方向前进，准备从泸州上游北渡长江。罗炳辉率领的红九军团则负责吸引和迟滞尾追的敌人，保障主力红军完成既定目标。

25 日，罗炳辉带领部队在距离习水 15 公里的陈家寨和国民党黔军狭路相逢。陈家寨是一个特别险要的隘口，左侧是悬崖峭壁，峭壁下面有一条能走小船的小河，河边小路则是进军习水的必经之路。如果想绕道进攻习水，必须多走 100 多里。

驻守陈家寨的黔军虽然只有一个营，但是他们据守峭壁的制高点，给红军的前进增添了不小的麻烦。

罗炳辉拿起望远镜观察了四周的情况，又反

复咨询向导后定下了决心，就从这个小路打过去。同时，他发现峭壁之中有一条通路可以直达敌军的侧翼。

罗炳辉一边命令先头部队用机枪火力扫射隘口，吸引敌人的注意力；一边指挥侦察班的战士们攀爬到石壁上隐蔽的通路边，像猴子一样从岩缝中穿插过去，发动突然袭击。

原本占据有利地形的黔军被突然袭来的红军战士吓傻了，他们晕头转向，四处溃逃。红军占领了隘口的制高点，便居高临下向乘船企图逃跑的敌人进行射击，很多敌船都被打翻或击沉。

习水城里本来驻扎着黔军 2 个团的兵力，一听说陈家寨天险被红军突破了，都被吓破了胆，赶紧弃城逃跑了，红九军团的先头部队当天晚上就占领了习水城。

第二天晚上，面对着川军 3 个团的进攻兵力和习水城易攻难守的劣势，罗炳辉审时度势，撤离习水城，向葫芦脑进发。从习水到葫芦脑要翻越一座从山脚下到山顶将近 15 公里路程的高山。山路崎岖不平，很多时候一边是悬崖，一边是深渊，十分危险。漆黑的夜晚加上阴雨连绵，川军在身后紧逼，又不能点亮火把，条件非常艰苦。

“同志们，大家把白毛巾围在脖子上，后面的看着前面的白影子前进。”罗炳辉见大家雨夜前行比较困难，想出来个好主意。

但是，很多随身携带的钱物，那些布匹、银元、无线电电瓶还有卫生队的药匣子，却都因为来不及照看，掉进了黑乎乎的悬崖下面。

到了葫芦脑后，看到队伍没有什么人员伤亡，罗炳辉倒是没有在乎那些财物的损失。他考虑的是尽量牵制住追击的敌人，拖延时间，为西渡赤水河的中央红军主力争取时间。

红军西进川南的行动让蒋介石如坐针毡，他调集重兵向川南“追剿”，中共中央原定从宜宾和泸州北渡长江的计划没法实现了。因此，中革军委又作出了红军“以川滇黔边境为发展地区，以战斗的胜利打开局面，并争取由黔西向东的有利发展”的决定。

中央红军抽调了一部分干部和武器，留下来开展广泛的游击战。红九军团则抽调人员组成4

支游击队，留在当地分散活动，还进行了轻装，埋藏了不利于机动行军的武器辎重。

蒋介石找不到红军，便只得悬赏重金提振士气。据1935年2月15日的《民国日报》记载：朱德、毛泽东的赏金为生擒者各奖10万元，献首级者各奖8万元；生擒罗炳辉者奖8万元，献首级者奖5万元。但是红军1个月内四渡赤水，只见到老百姓沿途热烈欢迎红军和到处贴着的胜利标语，却没有人回应蒋介石的告示。

罗炳辉率领的红九军团，为了吸引国民党军主力，为中央红军主力争取机动时间。常常是不顾自身安危，孤军深入虎穴，拉着敌人团团转。

在枫香坝，面对吴奇伟纵队，罗炳辉在两座山上各摆了一个连，让战士们在空旷的地方到处转悠，让敌人的侦察机看到了误以为红军人数太多，树底下都没有了站的地方。罗炳辉还率其他的3个连，巧妙运动到敌人背后发起攻击，使敌人以为遇到了红军主力。

罗炳辉在困难和艰险面前镇定自若，他对军团官兵们风趣地说，我们就像一只灵活的猴子，在一条窄胡同里戏弄国民党反动派这头大母牛。敌人虽然庞大，却十分愚蠢，他们没法走得快，我们要用妙计让他们晕头转向。咱们正在进行的是为自由的光荣战争，我们不能在前进的道路上被一头愚蠢的母牛拦住。

罗炳辉不仅这么说，也这么做，在之后进行的老木孔战斗中，罗炳辉科学指挥，在长征途中单独打下了第一个大胜仗。

那是 1935 年 4 月 5 日上午，黔军部队沿着大道，向红军部队埋伏地区走来。虽然好几个团走过去，罗炳辉还是没有见到敌军的指挥部到来。

中午时分，罗炳辉终于看到了敌军当官的队伍，有坐轿的、骑马的、抬滑竿的……这显然是敌军的指挥机关。

等到敌人的指挥部进入了红军的武器射程之内，罗炳辉一声令下，刹那间轻重武器都向敌人发起了怒吼。

黔军根本没有想到红军会在这里设伏，枪炮声一响，顿时乱成一团，纷纷溃逃。不多久，漫山遍野都是黔军的尸体和武器弹药。黔军的指挥机关逃进山地以后，站住脚跟马上组织进行了反冲锋，一度距离红军指挥部只有二三百米。

罗炳辉命令特务连和其他机关干部、勤杂人员等一起上阵，有枪的用枪，没枪的摆上了石头。面对指挥部眼前的开阔地，罗炳辉命令机枪手把敌人放近了打，随着机枪的开火，黔军在阵地前倒下了一大片。

不多久，侦察连和教导大队赶来了。他们有 6 挺轻机枪，还有百余支长短枪，绕过红军指挥部的侧翼山头，对着黔军就是一顿狠揍。敌人没想到会遇到增援的红军，瞬间土崩瓦解。

本来周浑元的先头部队也距离老木孔不远，但是罗炳辉料事如神，提前在这里布置了奇兵。他让第 9 团第 8 连将部队的大小红旗和红布插遍山头，要求所有官兵尽可能造成浩大声势，拖慢周浑元部队的前进速度，坚持一整天，就可以归队。周浑元的先头部队见漫山红旗，以为埋伏着千军万马。派人来侦察，又听到山谷里响起了此起彼伏的军号声，也不敢轻举妄动，只能展开队形就地布防。

老木孔战斗，罗炳辉以3000兵力，战胜了黔军的5000人马，缴获了1000多件武器，带不走的枪支只能架起来烧掉。同时，通过教育，还成功地动员和改造了900多名俘虏加入了红军。摆脱了国民党军的三面包围，士气大振，信心倍增。

巧占宣威渡金沙

半个月的辗转奔波后，罗炳辉率领红九军团浩浩荡荡地向威宁城袭来，但是在北盘江的激流前停住了脚步。这北盘江水势很急，素有小黄河之称。红九军团来到盘江桥附近时，发现唯一的渡河点已经被敌军占据，并派了重兵把守桥上唯一的铁索桥。

眼看着身后的追兵一点点逼近，前面汹涌的江水拦住了去路。无法架桥、无法泅渡，没有渡船、江深水急。

“怎么办？”罗炳辉也陷入了沉思。

正在此时，当地一名叫王三爷的老人来到了军团部。他是听说罗炳辉率领的是人民的队伍，才主动前来帮忙的。

“罗司令，我跟你讲，这地方有个过江的秘密通道，我从没告诉过别人。看到你们是解救老百姓的队伍，我就告诉你们。”

王三爷娓娓道来，大家才知道，有个地方江面狭窄，水流湍急，但是水中有许多巨大的石头，形成了天然的桥墩。只要拿一些木板搭在石墩上，就可以跨过去。

果不其然，红军部队在老人的带领下，翻山越岭，穿越丛林，赶到了老人所说的“虎跳石”。战士们走过搭好的木板，顺利地飞越了北盘江，跳出了黔军和中央军的包围。

大家都知道罗炳辉是云南人，就和罗炳辉开玩笑说：“军团长啊，快打到你老家了，到了老家总得请我们做客吧。”

罗炳辉听了，马上用老家的方言回答：“吃饭肯定要的，但是现在不行，同志们，我们红军到了哪里，哪里就是我们的家！等到革命胜利了，我请你们到老家去，随便吃家乡的好东西。”

其实罗炳辉何尝不想回到自己的家乡看一看，但是革命的责任让他打消了这样的念头。在板桥镇县立中学，他向中学教师、共产党员徐文烈等人询问了宣威城的布防情况。

宣威地处云贵两省交界，地理位置十分重要，此地盛产的火腿全国闻名。同时，宣威也是云南建立地下党组织较早的县之一，群众基础较好。罗炳辉确定由第 8 团攻打宣威县城。

没想到这边刚刚部署攻城的方案，那边国民党宣威县县长陈其栋害怕罗炳辉的声威，当夜就率领政府官员和一部分守城的士兵逃跑了。红军和城里的群众里应外合，搭着云梯就攻进了宣威城。

第二天红军入城后，砸开监狱释放 300 多名无辜的群众；打了十几家土豪劣绅；将没收的粮食、火腿、布匹等分给穷苦百姓。

红军还在宣威县政府门前的广场上召开了浩大的群众大会，宣传红军的主张和政策。当地群众热烈响应，短短两三天，红九军团就筹款 3 万多元，扩大红军队伍 400 多人。当地的群众自发编了一首歌谣，表达云南人民对罗炳辉领导的红军的感激和崇敬：

罗炳辉的人马回来了，
宣威城头插红旗，
乌蒙山低头来迎接，
金沙江笑脸来相迎，
汉、彝、苗家起来哟，
打下昆明攻到四川去，
再打北平和南京，
把日本也赶出东北地，
天下穷人都抬头，
工农江山稳坐起。

中央红军的机动作战最大限度地调动了国民党军，也坚定了中革军委迅速渡过金沙江，转入川西的决心。不久，罗炳辉也收到了中革军委的电报，要求红九军团向会泽挺进。

会泽是滇东北的一座重镇，也是入川的必经

之路。

罗炳辉的家乡彝良离会泽只有 150 公里，他以前在滇军当炮兵时，还曾驻防过会泽，对当地的情况比较熟悉。在去往会泽的途中，他让通讯员把电话连上敌人的电话线，自己操起电话就直接和会泽当地的国民党民团通起话来。

“我是罗炳辉，我们是红军，要经过会泽，希望你们不要阻拦。我们红军是爱护人民的，只要你们不与我们红军为敌，我保证绝不伤害你们……”

之后，按照之前的计划，将会泽所有对外联系的电话线切断。

红军包围县城后，一面积极做攻城准备，一面开展宣传攻势。会泽民团团长张宪与罗炳辉之前有过旧交，主张谈判。但是会泽县县长和几个土豪劣绅坚持与红军为敌，造成会泽守军一度犹豫不决。后来，在红军强大的心理攻势下，会泽守军终于派人出来和谈，但由于诚意不足，罗炳辉还是做出了准备攻城的决定。

大战在即，据守东门的保安团突然撤走，使红军直接进入城中。晚上 9 时，红军就控制了整个会泽城。

进入会泽城后，红军协助群众公审并镇压了当地的土豪劣绅。开仓放粮、打开监狱，赢得了人心。仅仅两三天时间，就扩充新兵 1500 人，筹款 10 万元，红军在财力和物力上得到了补充，实力大大增强了。

罗炳辉在欢迎新兵的大会上用云南方言作了热情洋溢的讲话，他特别强调说："青年们踊跃参加红军，我们表示热烈欢迎。但是参加红军是要吃苦的，要流血流汗的。既然到了革命队伍，就要有吃苦耐劳、流血流汗的思想准备。同志们，为了让天下干人（贵州方言里指穷人）过上好日子，我们要英勇奋斗。"

5 月 6 日上午，红九军团来到了金沙江边，先头部队在对岸筹集到了大小木船四五十只，在渡口等待主力渡江。下午 2 时，红九军团未伤一人，全部渡过了金沙江。

5 月 9 日，中央红军主力也全部渡过了金沙江，彻底粉碎了蒋介石围歼中央红军于黔滇地区的企图，取得了战略转移中具有决定意义的胜利。

红九军团在贵州、云南缴获的东西很多，但是从没有挥霍浪费。当红九军团和中央红军主力会合后，罗炳辉了解到中央主力红军物资、钱粮都十分匮乏，便命令部队向中央上交了几十匹骡子、几千块银元和一些物资。对于罗炳辉和红九军团的慷慨相助，周恩来等中央领导同志开玩笑说："老九你们发洋财了。""我们中央正在缺钱、缺马的时候，你们就送来了。"

一时间，罗炳辉和红九军团这种自觉顾全大局的精神被传为佳话。

飞夺天全开通路

红九军团由西昌北进到泸沽时，敌刘元璋部趁红九军团到达泸沽立足未稳，以 1 个师配合少数民族武装，分东西两路合击红九军团。

罗炳辉冷静分析了敌情，说："第 7 团、第 8 团、第 9 团立即向南折回泸沽，埋伏在双板桥后山的树林里；教导团把东路敌人引到双板桥镇。我们先吃掉东路敌人，然后杀个回马枪。”

果不其然，教导团把东路敌军引诱进入了双板桥，军团主力随之从大山中冲了下去。敌人哪里招架得住，仓皇逃上两座宽不到 1 米、桥架 3 米高的木桥上，只顾逃命，把南门外的木桥都踩断了。

打垮了东路敌军，红军向西进发，在一个山沟里又与敌人的西路军相遇。罗炳辉立即率部向敌人发起了冲锋，将敌军击溃。仅他自己就提着一把马枪，一连击毙了 20 多个敌人。

不久，红九军团也到达了泸定桥，决定“有限度地破坏泸定桥”，他们过桥后将桥上的木板隔一块拆一块，使桥面只能通过 1 人，达到了阻滞敌军前进速度的目的。

当时的罗炳辉，因为患了痢疾，体温很高，呼吸短促，茶饭不进。在行进中，他不时感到头晕眼花、天旋地转，只能双手抓住马鞍，伏在马背上。遇到石阶小路和悬崖峭壁，他又不得不下马，由几个人前拉后扶，才得以通过。

这时，中革军委发给红九军团一个十万火急

的电报，命令罗炳辉率部“迅速攻天全接应”。接到电报后，罗炳辉不顾重病，率部挺进到了紫石关。这时的罗炳辉相当虚弱，甚至有些精神恍惚，嘴里不住地说着：“你团赶快由左边冲上去！”“不可失掉战机！”“这是军委的命令！”

6月7日凌晨，中革军委急电罗炳辉，要求他“全力乘夜袭占天全”。罗炳辉看了电报，马上感觉清醒了，似乎病也好了一半。他精神抖擞，一边说一边看着地图，对作战科长刘雄武说：“找个向导来，问问天全西北的那条河上游有水浅的地方没有？以便指定徒涉场，绕开敌军的守桥部队，直攻天全城……”

干部会上，罗炳辉传达了军委的电令，一针见血地指出了中央和主力红军所处的危险境地：“我们要不惜一切代价，消灭天全的敌人，扫清中央红军北上与四方面军会师道路上的障碍。现在没有别的更好的退路可走了，泸定桥回不去了，其他方向都是河流阻隔，只有突破天全这个方向，才有出路！这是一次关键性的战斗，只能胜利，不能失败！”

“这是最伟大的牺牲时间，只有救出党中

央——中国革命的无产阶级领导者，救出红军主力，革命的胜利才有保障，我们将虽死犹生。”

环顾了一下在座的战友，罗炳辉硬撑着患病的身体，坚定地说：“我这条命这次豁着不要了，谁怕死我就枪决谁，我怕死你们就枪决我。”

作战科长刘雄武知道罗炳辉病重，对他好言相劝：“我建议军团长安心治病，破天全的任务我包下来……”

“不行，”罗炳辉大手一挥，打断了刘雄武的话，“火线就是我的岗位，我只要还有一口气，就绝不离开。”

部队连夜就出发了，罗炳辉忍住病痛，拄着拐杖，亲自率领部队前进。走了 1 个小时，罗炳辉对身边的参谋说：“前面要翻过一道山岭，通知大家，不许说话、不许咳嗽，不准暴露目标。”

部队终于爬到了山顶，罗炳辉借着月亮和星星的光，看到了山下隐约的河流，他告诉作战参谋：“下山以后，往右拐，从上游涉水过河，我们直插天全城。”

下了山，来到河边，身边的参谋刚想给罗炳

辉弄个竹筏子，没想到病重的罗炳辉竟脱下长裤，穿着短裤下河蹚水。

看着发烧的罗炳辉在山上积雪融化的河水里浑身颤抖着前行，大家的眼眶都湿润了。

罗炳辉蹚水过河后，东方已经泛起了鱼肚白，他看看表，连忙对作战参谋罗寿生说："先头部队应该快到城郊了。你抓紧带着侦察连跑步前进，增援先头部队，一定要打猛一点。"

红九军团如神兵天降，从敌人背后发起了攻击。因为动作神速，天全守军完全没有准备，他们不知道攻击天全的红军到底有多少人马，陷入了极度的慌乱之中，像没头苍蝇一样四处逃窜，红军乘势攻入了天全城内。

天大亮时，国民党派出6架飞机，在天全城上空扫射、轰炸，但都挽救不了国民党天全守军的败局。

硝烟散尽，枪炮声也已平息，胜利的欢呼声响彻整个天全城。罗炳辉长舒了一口气，因为大病体弱加上过度亢奋和紧张，突然眼前一黑，倒在了地上。经过卫生员急救，才脱离了危险。当罗炳辉慢慢醒过来的时候，他说出的第一句话就是：“好，我们完成了一项重要任务。”

罗炳辉率领红九军团迂回天全，立下了一件大功，中革军委又一次传令嘉奖了红九军团，称赞他们是“战略轻骑”。

06 投身抗战的洪流

三打来安固苏皖

1938年3月，罗炳辉奉周恩来的指示，代表中共中央长江局，看望新四军第4支队第8团。罗炳辉身穿旧灰布军装，腰扎皮带，打着绑腿，脚上穿着用麻筋和布条编成的草鞋，保留着标准的红军军人形象。罗炳辉见到自己的同志，一见如故，毫无拘束，欢快地作了开场白："在汉口我整天和国民党友军上层人物周旋，今天来到了红军游击队，才真是到了家。"

到了开饭时间，罗炳辉谢绝了团里为他开的小灶，坚持与普通士兵一起吃大锅饭。他手里端着盛着青菜的大碗，蹲在操场上的人群中，一边吃一边和战士们聊天。战士们见他没有架子，说话幽默风趣，也都自发地围拢在他的周围。罗炳辉的开朗与豁达感染着每一名即将奔赴抗战第一线的革命战士，给了他们信心和力量。

1938 年 11 月，按照中共中央军委决定，罗炳辉到达皖南新四军军部工作。不久后，罗炳辉被任命为新四军第 1 支队副司令员，协助陈毅司令员开展敌后游击战争。1939 年 4 月，罗炳辉在新四军军部接受了一项新的任务：赴皖东敌后担任即将成立的新四军第 5 支队司令员，率部与兄弟部队一起开辟皖东地区。

经过几个月的紧张筹备，7 月 1 日，新四军第 5 支队在定远县藕塘镇安子集宣布正式成立。在成立大会上，罗炳辉微笑着向眼前的部队挥手致意，还一个连队接着一个连队地亲切询问。这支由原第 8 团为基础扩编而成的部队，他再熟悉不过了。一年多以前，他受中共中央长江局和周恩来的委派，曾经欢送第 8 团东进抗日；没想到现在他又要亲自指挥这支队伍，为驱逐日寇、解放全中国而坚决斗争。

来安县城位于津浦铁路以东、高邮湖以西、淮河以南、长江以北的广大地区，地跨苏皖两省，经济比较富庶，是苏皖边境军事上敌我争夺的一个要点。8月，罗炳辉部进军路东，来到来安县境内，使得国民党反共顽固派极为不安。那些畏惧日军如虎，却坚决反共的国民党政府的流亡县长们，勾结反动乡长、保长，多方阻挠，到处造谣“新四军不是真抗日，是来抢地盘的”，“罗炳辉这样胖，是因为每天要吃两个小孩”。一时间谣言四起，人心惶惶，群众莫辨真假。

新四军第5支队到来后，更是引起了附近日军的恐慌，他们企图加紧占领来安县城。为了打击日伪军的嚣张气焰，鼓舞路东军民抗战士气，扩大新四军的政治影响，罗炳辉等决定狠狠地教训来犯的敌人。

9月初，罗炳辉得到情报：驻扎在滁县和张八岭的日伪军即将分路进犯来安县城。

9月3日，天空下起了蒙蒙细雨，罗炳辉率部在来安城西南、西北的大路两侧展开，占领有利地形，准备以伏击战法打击敌人。罗炳辉亲自带领第

10 团和支队警卫营，进至舜山集附近的梁庄。这里是张八岭到来安的必经之路，公路凹凸不平，是伏击的理想阵地。

此时，来安县城仍由国民党的势力控制着，县政府和常备大队龟缩在城里。鉴于当时和国民党有统一战线的关系，罗炳辉便派参谋去来安县城通报消息，哪知来安县县长和常备大队已经弃城逃跑，罗炳辉非常气愤地说："他们哪有一点儿抗日的样子，真是中华民族的败类！"

当天下午，从张八岭出动的日伪军共 300 余人，打着太阳旗，趾高气扬地向来安进发。当进至伏击地区后，第 10 团和警卫营突然猛烈开火，打得日伪军措手不及，死伤一片。战斗持续到黄昏，敌人慌不择路，窜进了来安县城。当天夜里，罗炳辉趁敌人人生地不熟，派第 10 团侦察排夜袭来安县城。30 多个侦察员，身穿便衣，携带短枪，半夜摸进城里，在日伪军驻地中间分别袭扰了一阵，然后安全撤出。日伪军白天受到打击感到惊恐，晚上又遭到袭击，一个个吓破了胆，不敢轻易出来，只是胡乱地向袭扰的方向开枪、放炮，以致日伪军互相进行枪击，急骤的枪炮声响了一夜。而罗炳辉手下的侦察员们，早已圆满完成袭扰的任务离开了。

日伪军由于白天和夜间连遭痛击，增援部队又迟迟未到，军心惶惶、开始动摇。征战多年的罗炳辉敏锐地判断，这股敌人有逃跑的迹象，必须一网打尽，于是立即作了新的部署。

果然不出所料，这股敌人在来安县只待了一个晚上，次日中午为了泄愤放了几把大火，然后弃城向滁县方向逃窜。当日伪军逃到八石山地区时，已经等待打伏击多时的第8团，立即对逃敌迎头痛击。

第一次攻打来安县，从开始到结束，激战3日，干脆利落，浇灭了日本侵略者的气焰，也使“新四军游而不击”的谣言不攻自破。

在击退日伪军之后，大家紧张的神经松弛了下来。突然，罗炳辉大喊了一声“卧倒”，同时把站在自己身边的政治部主任方毅推出去一丈多远，自己也顺势滚到一边。几乎就在同一时刻，一发炮弹就落在他们刚才所站的位置，一名警卫员来不及躲避当场壮烈牺牲。40 年后，时任中央政治局委员、国务院副总理的方毅，在与来访的罗炳辉家乡的同志交谈时，还感慨地回忆说：

“那可真是千钧一发啊，就差那么一点，我就该去见马克思了。是罗司令救了我一命，否则今天我就不能坐在这里与大家说话了。罗司令在千百次的战斗中练就了一双神耳朵，他能够从炮弹在空中飞行的声音中准确判断出炮弹的落点，距自身的距离有多远，所以他躲过多少次炮弹，从没负过重伤。没有千百次战斗生活的积累，没有高度的警惕和敏锐，会作出这么准确的判断吗？”

当判断敌人可能要逃离来安县时，罗炳辉就派组织科长朱云谦去把国民党的来安县县长张百非找回来，罗炳辉对朱云谦说：“根据情况判断，进犯之敌可能要逃跑，来安县城今天可能拿下来，这个县长现在还由他来干。”

罗炳辉看到朱云谦对这个任务有些不理解，又继续说：“搞统一战线嘛，既要敢打，还得会拉，来安县是新区，我们建立政权的条件现在还不成熟。张百非这个人民愤不大，拉过他一个，能影响一大片。找回来，先干着。搞团结，欢迎。摩擦，不怕。反正他们是网里的鱼，跑不掉的。”

“好好好，保证完成任务。”朱云谦听了司令员这番话，解开了心中的疙瘩。立即带上一个连队，顺着张百非及其常备大队逃跑的方向寻找。

一直赶到城北 30 里处的屯仓，在一户地主家里找到了这位国民党的县太爷。看到眼前新四军送来的一片诚意，惊魂不定的张百非安定下来，急忙集合手下的队伍，可他手下那些散兵游勇，早已吓破了胆，不打自溃。

这天下午，当朱云谦带着张百非及其残部返回时，来安县城已被新四军第 5 支队占领了，并且已经扑灭了大火。

罗炳辉对张百非的扶植，在来安县的中、上层人士中产生了很大影响。张百非在这之后继任县长期间，也为新四军说了一些公道话，办了一些有益于抗战的事，还为驻来安县附近的部队筹集了很多粮食和钱款。

第二次攻打来安，是 1939 年 11 月，当时日军一个小队和伪军共 400 多人，趁罗炳辉率第 5

支队主力不在来安县附近，偷偷地摸进了来安县城。敌人还将另一部隐蔽在县城外的百石山设伏。

罗炳辉根据侦察到的情报，对敌我双方的情况作了分析和比较，提出趁敌人主力在百石山设伏，袭击来安城的作战方案。他指出："敌人虽然占据着地主土豪的深宅大院，但他们对周围情况不熟，而我们则可以依靠人民群众和本地战士熟悉情况，深夜拆开城墙，从暗道进入敌人心脏，给它来个中心开花。"

按照罗炳辉的部署，第 5 支队经过猛烈攻击，一举攻占了来安县城。埋伏在百石山的日伪军一看老窝被端，立刻慌了手脚，企图回援来安，正好走进了打援部队的埋伏圈，被迎头痛击，只好仓皇向滁县逃窜。

第 5 支队再次收复来安，万众欢腾。罗炳辉在群众大会上风趣地说："有人说我一天要吃两个小孩，我到此 3 个月，该吃掉一百七八十个了，请问哪位乡亲家丢了孩子？"

其实，胖胖的罗炳辉是喜欢孩子出了名的。每到一地，他的肩上、背上、怀里都爬满了儿童，孩子们也喜欢和这个胖叔叔一起玩耍。大家看在眼里，记在心上，那些谣言也就不攻自破了。根据地人民听说罗炳辉指挥打仗百战百胜，便称他为“福将”。

第三次打来安县，是在1940年5月27日。对津浦路东“扫荡”的日伪军1000余人，再次侵占了来安，并带来汽车30余辆及其他运输工具，准备抢夺粮食。

当时正率领部队开辟高邮湖西根据地的罗炳辉，闻讯敌人再次占领来安县，立即召集干部开会研究对付办法。

罗炳辉说：“麦子就要熟了，粮食是宝中宝，没有粮食，群众就无法生活，我们要打击抢粮的敌人，保护群众麦收。”

干部们不约而同地说：“那我们得先下手打掉他。”

罗炳辉继续说：“对。根据各方面的情报，这伙敌人阵势挺大，鬼子就来了600多人，好几门炮，十几挺重机枪，但它是拼凑起来的。我们要趁敌人立足未稳，打他个措手不及，保卫夏收。”

5月28日夜，攻城各营全部轻装，火速抵达来安县城郊。战斗于29日1时打响，第8团第1营首先从城西北角突入城内。接着，第8团第2营和第10团第1营也相继攻入城内，轻、重机枪齐放，手榴弹、炸药包在敌人的阵地上开了花。日伪军遭到突然袭击，晕头转向，仓皇应战，退守到几个四合院里企图负隅顽抗。

当时第5支队还没有火炮，对这些四合院既高又厚的墙没有办法。第8团第1营的战士们急中生智，将炸药包里放进硫磺，或将炸药包外面用破布、稻草捆扎，或浇上煤油，投入敌阵，既爆炸又燃烧。这个火攻的经验，迅速传播开来。转眼间，敌人占据的院落里火光四起，烈焰腾空，瓦片爆裂。敌人在火焰里踉跄奔命，鬼哭狼嚎，有些侥幸冲出火场的也被打死。

就这样，1000余名日伪军连同他们的“扫荡”计划一同灰飞烟灭。

当时跟随部队指挥作战的罗炳辉风趣地说：“日本鬼子不是喜欢火葬吗，这次是真的让他们‘火葬’了！”

拂晓，当攻城部队撤出战斗后，跑出去的残余日伪军没有捞到一粒粮食，狼狈地逃往滁县。

第 8 团第 1 营首先使用火攻的战法，罗炳辉对他们曾给予很高评价。第三次攻打来安县，由于采取了火攻而闻名，因而又被称为火烧来安县城。

罗炳辉亲自指挥的三打来安县城，使日伪军心惊胆战，新四军的声威大震，也使罗炳辉的名声广为传扬。从那以后，敌人慑于新四军的声威，再不敢轻易来犯，路东根据地日益巩固和扩大。

驰援定远、半塔集

罗炳辉所在的新四军江北部队虽然在津浦铁路两侧实现了部队的展开，但是仍然面对很多的实际问题。首先是日伪军为了巩固占领区，对路东地区经常发动围攻、“扫荡”；其次是盘踞苏北的国民党江苏省政府主席兼鲁苏战区副总司令韩德勤，先后派部队进至淮河两岸和路东地区，企图与津浦路西的国民党桂军相配合，将新四军挤出去或者直接消灭在皖东地区。

正当罗炳辉率领的第 5 支队在路东地区积极寻机打击日伪军、大力开展抗日斗争的时候，国民党顽固派在华中地区掀起了大规模的反共摩擦。从 1940 年 3 月 4 日开始，国民党顽军多支武装向新四军江北指挥部驻地定远县大桥进逼。救兵如救火，罗炳辉收到了上级发来的驰援路西的命令。罗炳辉仅留少数部队留守路东，自己亲率第 5 支队大部，星夜出发驰援津浦路西。

在奔赴定远的路程中，他们歼灭了国民党滁县常备大队和天长别动大队，在全椒县管家坝还击溃国民党李本一部的 1 个营。之后，在与刘少奇、张云逸、赖传珠商讨反顽作战时，刘少奇提出“将主要任务交付”罗炳辉，由罗炳辉完全做决定。这样的组织信任激发了罗炳辉的战斗热情和力量。在之后定远自卫反击的一系列作战中，他指挥第 5 支队进行了连续战斗，全面打退了顽军的进攻。共歼顽军 2500 余人，生俘顽军支队副司令以下 1000 余人，缴枪 600 余支（挺），有力地打击了顽军的反共气焰。

当第 5 支队主力西调路西、津浦路东空虚的时候，韩德勤集结 10 个团共 1 万余人，于 3 月下旬向第 5 支队机关驻地半塔集地区发动突然袭击，企图与国民党桂军东西夹击，一举吃掉第 5 支队后方和留守部队。此刻带领主力的罗炳辉心急如焚，恨不得率领主力插翅飞过去。

在此危急时候，中共中央发动了新四军全体官兵和皖东 15 个县数百万民众的支持，增强战胜国民党顽固派的信心和决心。

半塔集位于天长、六合、来安、嘉山、盱眙 5 县的交界处，位于皖东津浦路东的中心地带，是一个东西短、南北长的小镇。当时，韩德勤不仅兵员充足，而且装备精良，具有较强的战斗力。而留守在路东的第 5 支队后方机关、部队及地方游击队仅仅 2000 人，其中 1000 人为新编入部队没有参加过实战的人员。

这次艰苦卓绝的半塔集保卫战分为防御阶段和全线反击两个阶段。

3 月 21 日，半塔集战斗打响了。在防御阶段的斗争中，第 5 支队留守部队与顽军激战了 7 个昼夜，击退了顽军 10 多次进攻，创造了以少胜多、以弱胜强的范例，也为主力回援赢得了宝贵的时间。

韩德勤见局面不利，又从三河北岸调来 2 个团的兵力，妄图再次发起进攻。这时的罗炳辉和张云逸也在率领津浦路西回援部队兼程回返。虽然部队经过 10 余天的连续作战已经十分疲惫，但是回援支队打击国民党顽军的斗志十分高昂。指战员们在管家坝匆匆吃完晚饭，一夜山地行军 100 多公里，第二天天刚亮已经赶到了来安县境内。27 日，部队已经赶到了半塔西南 20 公里的张山集。同日，挺进纵队也到达六合县境内，直接威胁着进攻半塔集顽军的侧后。28 日，围攻半塔集的各路顽军见新四军援军已到，开始全面后撤。

3 月 29 日，毛泽东、王稼祥发来电报，指出"先肃清地方顽固派，对韩德勤部在有利、有理条件下，即当其进入我军驻地时坚决消灭之"。按照这个要求，江北指挥部任命罗炳辉为前敌指挥，兵分 4 路，于当天展开了全线反击。

中路由第 5 支队的主力和苏皖支队担负反击任务。29 日上午，苏皖支队遇到了韩德勤部 2000 余人的猛烈进攻，因为敌我实力悬殊，被迫后撤。罗炳辉从望远镜里看到了兄弟部队的被动，连忙命令警卫营抽调 1 个重机枪排和 2 个步兵班突袭韩德勤部队的右侧。侧翼遭受突如其来的攻击，引起了韩德勤部的骚动。罗炳辉抓住了这一难得的战机，当即命令一个参谋带上支队司令部 6 名骑兵通讯员，包抄到韩德勤部队的侧后，并在每匹马尾巴上捆上松枝，拖在地上扬起了滚滚尘土，造成了盛大的“骑兵”即将冲杀的假象。韩德勤部见状，顿时陷入一片慌乱。此时，第 5 支队第 8 团和第 15 团正好赶到，与苏皖支队配合，歼灭了好多敌人，缴获了不少的军用物资。顽军见腹背受敌，只得在星夜里大部溃退，罗炳辉按照上级指示，将顽军追到三河南岸。

这次以保卫半塔集为中心的路东自卫反顽作战共歼灭顽军 1000 余人，缴获大量武器。经过这次作战，路东地区的地方顽军全部被歼，国民党地方政权均被瓦解，韩德勤的主力部队溃逃到三河以北，吓得不敢露头。国民党顽固派的嚣张气焰被狠狠地打压了下去。

兵发淮宝擒刀会

1940 年 6 月底，罗炳辉又领受了一项新的任务，就是率部开辟淮（安）宝（应）地区，这么做的直接原因就是要援助苏北新四军部队更好地开展反顽作战。根据中原局和刘少奇的指示，8 月初，江北指挥部正式下达了淮宝战役作战的命令，由罗炳辉担任战役的总指挥。

淮宝地区，即苏北地区的运河以西、三河以北、洪泽湖以东，高邮湖、宝应湖西北的淮阴、淮安、宝应 3 县之间地域，战略地位重要，物产富庶、水网纵横，是淮南、淮北、苏中、苏北等抗日根据地的结合部，更是敌我必争之地。

8 月 1 日，新四军在黎城镇举行隆重的阅兵典礼，当晚举行纪念大会，附近很多群众赶来观看，以便制造主力部队正在练兵而不会立即打仗的假象，目的是迷惑顽军。

8月2日晚，月色朦胧，苏北的秋老虎依旧厉害，司令员罗炳辉和政治部主任张劲夫率第10团来到南岸曾家渡。将隐蔽在芦苇中的船只推出来，船头上用沙包、湿棉被和湿稻草靶作掩体。半夜时分，第1梯队乘3艘钢板划子和3艘大舵船，齐头向北岸并进。当顽军发现时，船已靠近岸边，他们见来势很大，火力很猛，不知虚实，赶紧胡乱地放了一阵枪，就向新集方向溃退。

3日拂晓，第10团乘胜追击，便很快进占了新集。第8团于8月2日夜夺取衡阳滩后，次日拂晓登岸后与第10团会合。

之后，各兄弟部队也打了好几个胜仗。实际上当时在淮宝地区的顽军人数虽多，但一遇到新四军，便都闻风丧胆，不战而逃。

罗炳辉率部没费多大力气，就接连击败顽军，攻占双沟、岔河、仁和集等地，但与韩德勤所收买利用的封建刀会作斗争，却颇费周折。

刀会又称“小刀会”“大刀会”“红枪会”，

是封建会道门组织。淮宝地区的刀会最早产生于1935年前后，因洪泽湖地跨两省，高宝湖、白马湖芦苇丛生，港汊纵横，湖霸盘剥勒索，土匪出没无常，加之官府逼税，群众不堪其害。有人便利用封建迷信，组织刀会进行自卫，并曾到湖里剿过土匪，但刀会很快就被地主和豪绅操纵。

韩德勤占据淮宝地区后，与一些地方实力派勾结，使刀会发展迅速。不少群众受蒙蔽，参加刀会后一天三拜，跪会堂，念咒语，吃神砂、朱砂等特制的麻醉药物，然后像发疯一样地舞刀弄枪，练武术，练气功。其间，韩德勤对刀会曾一度采取镇压政策，和刀会曾发生过冲突，并互有死伤。后来韩德勤改变策略，由镇压变为收买利用，诬蔑共产党是“共产共妻”、新四军是“杀人放火”，煽动群众仇恨共产党、新四军，使刀会变成了封建反动的武装组织。

当罗炳辉率第5支队强渡三河时，刀会的哨兵便吹起牛角号示警。一时，牛角号声此起彼伏，很快传遍了淮宝各地。当第10团于8月3日进驻新集一带时，刀会仗着熟悉地形，以青纱帐作掩护，进行突然袭击，砍死送信的通信员和下河洗菜的炊事员多人。罗炳辉一面指示部队提高警惕，一面以极大的耐心做争取瓦解刀会的工作。

这天上午，刀会派小头目来到新集，声称要同新四军谈判。罗炳辉司令员和张劲夫主任亲自接见，并请吃午饭，向那小头目做宣传教育工作，指出：我们新四军是共产党领导的队伍，是抗日的。我们都是中国人，要团结起来，枪口对外打日本。那个小头目吃饭时还满口答应不打新四军，但当他离开新集后，却马上变了卦。原来刀会已经纠集了几千会徒，在大头目的操纵指使下，于当天下午攻打新四军。几千人黑压压的一片，在几排亡命之徒的带领下，满脸杀气，挥舞大刀，赤膊上阵。胸前斜挂着黄色符带，嘴里喊着“刀枪不入”“老祖保佑”的口号，向第 5 支队阵地冲来。

面对这种突然出现的情况，罗炳辉立即指示部队做好两手准备：一面命令部队进入阵地，架起机关枪；一面要求官兵喊话宣传发动政治攻势。对这些受蒙蔽的群众，罗炳辉总是不忍心下令开枪。只有在忍无可忍的情况下，罗炳辉下令将重机枪对准刀会头子及赤膊上阵的亡命之徒开火射击。当刀会乱哄哄地向后回跑时，罗炳辉立即命令停止射击，不许射杀已溃逃的刀会群众。

第一次对刀会战斗后，罗炳辉同周骏鸣、张劲夫研究，认为对付刀会，最重要的是打击反动的刀会头子，争取广大群众，并以淮宝战役指挥部的名义作出了 3 条规定：

第一，对刀会不主动出击，不打第一枪。第二，对被打死的刀会人员，准许家属认领尸体，负伤者给予治疗。第三，对被俘获的刀会人员，不打不骂，给予教育，屡抓屡放，以瓦解刀会，争取群众。

接着，罗炳辉召集各团干部开会，分析了第一次打刀会战斗情况，认为刀会在第 2 天或第 3 天可能要来报复，要各单位做好战斗准备。他强调说："参加刀会的都是老百姓，不要用枪打，把手榴弹几个捆在一起，等他们来了，拉响手榴弹，把他们吓跑就行了。"

果然不出所料，8 月 6 日上午，刀会第二次进攻新集。第 5 支队早有准备，为堵截刀会的进攻，

除了有粪坑的地方外，还拿来树桩挡住小路口。因为刀会讲迷信，他们见到这些东西说是晦气，都不能走，只能拣大路走。这次刀会来的人数比上一次更多，沿着大路，气势汹汹地冲过来。于是，罗炳辉命人把手榴弹埋在大路上，自己则站在壕沟里沉着指挥。待刀会靠近埋手榴弹的地方时，一拉导火索，手榴弹响声震天，就把刀会成员吓跑了。对少数逼近工事的反动头目及亡命之徒，新四军不得已才开枪射击，以求擒贼擒王，杀一儆百。当刀会群众见号称“刀枪不入”的头目被打死后，就自然四处逃散了。

经过连续打击，刀会的反动气焰被压了下去，刀会成员也认识到了新四军的厉害。他们说：“罗司令有神符，有法宝，能破刀会。”

罗炳辉认为对付刀会，在从军事上挫败其气焰的同时，更要着重用政策瓦解。因为刀会受蒙蔽的群众居多数，那一带差不多家家户户都有人参加。所以罗炳辉常对下属说：“把机关枪等重要武器摆到街上去，让人家看看我们的实力，传到小刀会那里，让他们最好不要硬碰。”同时，他十分重视宣传教育工作。在战斗的间隙，召开群众会议，亲自出面讲话，宣传共产党、新四军抗日救国的政策，揭露国民党顽固派造谣挑拨的阴谋，讲述团结一致、枪口一致抗日的道理。同时教育部队认真执行“三大纪律、八项注意”。罗炳辉十分平易近人。在集市的大街上，群众常常看到一个大胖子抱着老百姓的孩子玩儿，或者扮作牛马叫小孩子骑在脖子，吃饭时还拿馒头给孩子吃。大家互相打听，才知道这就是罗司令。通过眼前的事实，群众逐步改变了对共产党和新四军、八路军的看法，那些“共产共妻”“杀人放火”的谣言也土崩瓦解了。

对于刀会头子，罗炳辉采取了分化瓦解和区别对待的政策。刀会头子虽受国民党反动派的宣传和封建迷信毒害深，但也不是铁板一块。一进入淮宝地区，他就给刀会会长和总会长写信，晓以大义，宣传共产党抗日政策和统一战线的主张，表扬他们以前打鬼子、防土匪、保家乡的爱国行动，批评他们跟着国民党顽固派跑及与共产党、新四军为敌的错误，指出他们的光明出路。对于愿意谈判言归于好的，一概表示欢迎。

8月23日，刀会几千人在韩德勤部队的配合下向驻守在黄集的第5支队机关及第10团进攻。这是开辟淮宝根据地过程中同刀会8次交战中最大的带有决定性的一仗。在进攻时，刀会在前，韩德勤的部队在后面督战，结果刀会前进不了后退也不行，伤亡比较大。那场战斗在罗炳辉的指挥下，第10团打得干脆利落，外强中干的封建刀会被打得一蹶不振。在铁的事实面前和新四军强大的心理攻势下，刀会头子严小六子和罗通义彻底投降了。罗炳辉在请他们吃饭的过程中，给他们做工作，给他们指出出路。饭后还赠送了他们每人一支驳壳枪，而且派人把他们礼送到了六合境内。这对瓦解淮宝地区的刀会组织，起到了很好的作用。

同时，对于一些冥顽不化、罪大恶极的刀会头目，新四军则是严惩不贷。8月下旬，罗炳辉在岔河召开了万人大会，将杀害南下八路军先头部队指战员的孙永礼等几名反动刀会头目，经公审后予以枪决。

淮宝战役的胜利，使苏北、淮北、苏中、淮南几块抗日根据地基本上连成一片，因而也被称为发展华中根据地的重要一役。

随着淮宝地区的开辟，淮宝人民政权迅速建立起来，后来成为第 4 师的后方基地及经费、粮食的重要来源，为抗日战争作出了贡献。

金牛山区荡日寇

1941 年年初，震惊中外的皖南事变发生后，国民党顽固派发动的第二次反共高潮达到了顶峰。1 月 20 日，中共中央决定重建新四军军部，并展开了新四军部队的整编。在整编中，活动在淮南抗日根据地的原新四军江北指挥部及其所属的第 4 支队、第 5 支队和江北游击纵队合编成第 2 师，张云逸兼任师长、罗炳辉为副师长。

第 2 师刚刚成立，罗炳辉和他的新四军战友们面临着被日伪顽军多方夹击的被动局面，华中的敌后抗战进入了最困难的阶段。日伪军在新四军活动区域内，国民党顽军在新四军活动区域外，同时进攻新四军。

面对强敌来袭，罗炳辉和张云逸指挥少数部队和地方武装化整为零，用游击战与敌人纠缠。主力则转入敌后，等待时机。与此同时，为了防范日伪军对路东地区可能进行的“扫荡”，罗炳辉和张云逸等根据中原局的指示，领导根据地的军民采取了一系列的应对措施：

第一是实行机关的军事化。缩小了机关各个部门的规模，把所有工作人员都武装化、轻装化，每天早起后先练打背包，以便在紧张的情况下来之能战，直接可以上火线。

第二是分区驻扎。为防止人员集中被日伪顽“一窝端”，将路东根据地分成 5 个区，确保各区指挥和联络的顺畅，并规定各区武装在反“扫荡”时要独立坚守。

第三是加强对根据地军民反“扫荡”的训练。在提升干部战士素质的同时，深入细致抓好培训群众的工作，切实做好侦察送信、迷惑敌人、坚壁清野、破坏道路、站岗放哨甚至是对敌作战等科目的演练。

最后就是动员军民改造地形。针对日伪军机械化作战的特点，利用农闲时节，对根据地内部路网进行改造，在村村之间挖掘地壕相连，既阻止日伪军机械化部队的机动，也便于根据地军民利用改造后的地形隐蔽歼敌、疏散转移、运动作战和袭击敌人。

做好了充分的准备后，罗炳辉和张云逸决定，为了粉碎日伪军分割、“蚕食”淮南抗日根据地的图谋，立即发起天（长）仪（征）扬（州）反点线破袭战。

罗炳辉经过周密侦察，确定将仪征县城以北的谢家集据点作为第一个打击对象。

谢家集在天长和仪征之间，分南庵和北庵，南庵驻守的是伪军谢黑头部400余人的自卫团，北庵驻守的是日军近百人。4月10日和14日两个晚上，在罗炳辉的亲自指挥下，第12团两次夜袭谢家集。日伪军吓得龟缩在庵内不敢出来，参战部队便用手榴弹向庵内投掷，枪炮声不绝于耳。与此同时，第2师其他各部队和地方武装，破坏交通、伏击车队、炸毁桥梁、端掉炮楼，成功地粉碎了敌人打通点线、分割淮南抗日根据地的计划。

在破袭战告一段落之后，罗炳辉料到日伪军吃了亏肯定会伺机报复，便将部队转移至六合县城附近的金牛山地区。他倚仗这里村庄稠密，丘陵和洼地众多的有利条件，令各部按照梅花桩式部署分别驻扎，抓紧隐蔽兵力，准备设伏歼敌。

果然，仪征日伪军 700 多人，带着大批轻重武器一路直扑第 12 团部队驻扎的陈庄和厉马庄。按照罗炳辉等领导同志的设想和计划，第 12 团沉着应战，不但依靠熟悉地形地貌的优势成功跳出了包围圈，还把日伪军成功地诱骗到了金牛山东南的田坳之中包围了起来，全团和旅侦察连迅速转入预设阵地，一场围歼战即将开始。

罗炳辉见时机成熟，立即部署第 5 旅第 15 团在金牛山附近的必经之地设伏，警戒由六合、金家集方向赶来的援敌。同时下达了打响围歼金牛山日伪军战斗的命令。

战斗开始的时候，日伪军凭借优势火力，向依托地形和攻势进行攻击的第 12 团进行反击，场面十分胶着。经过 5 个小时的激战，到中午的时候，战斗力大为削弱的日伪军没有了发起新冲击的锐气，战斗胜负的转折点已经到来。

第12团按照战前罗炳辉提出的方案，趁敌人弹药难以补给、身心俱疲之际发动了全线总攻。特别是发挥了近战、肉搏战的优势，让日军的轻重武器都失去了威力。不久后，日伪军大部分被歼灭，只有少部分仓皇逃走。

金牛山战斗，是新四军第2师成立后进行的第一场大的战斗，毙伤日军200多人、伪军300余人，俘虏30余人，成功粉碎了日伪军企图掌控天仪扬地区的阴谋，也极大鼓舞了淮南的抗日军民。

铁锤砸出新世界

正当路东地区军民对日伪军作战不断取得胜利之际，路西地区的局势又变得紧张起来。驻淮南地区的国民党顽军和国民党安徽地方武装7000

余人，趁路西地区的新四军力量分散，不顾大敌当前，悍然破坏爱国统一战线，大举进犯新四军驻地，许多村镇失守，广大民众处于极度惊恐之中。

罗炳辉和张云逸进行了深入研究，认为以新四军现有的装备水平，只能采取战术上的速战速决，给顽军打狠打痛，才能取得决定性的胜利。于是便决定集中路西地区的兵力，发动大桥战役。

大桥是定远县一个中等大小的镇子，因为池河支流穿过，河流上又建有两座老式石桥，故而得名。该镇以桥为隔，分为大街、小街。新四军江北指挥部曾经就驻扎在这里。顽军攻占大桥后，以国民党桂系顽军约 600 人，配合定远县地方土顽武装 400 余人据守。当时，罗炳辉和张云逸考虑到一是这里曾是江北指挥部驻地，群众条件好，周围环境十分熟悉；二是相对敌人据守的其他重镇，大桥镇的敌人比较孤立，位置也比较靠前；三是据守这一地区的是国民党桂系的精锐部队，如能将其歼灭，既不会扩大反顽作战的规模，又可以动摇整个路西顽军的信心。

担任这次主攻大桥任务的第 4 旅第 11 团，正驻守在路东中心地区的古城镇。领受任务时，罗炳辉特别对该团团长吴华夺强调：“你们面对的敌人战斗力较强，是一颗钉子，很难对付。要抓住敌人的致命点，狠狠地打，敲碎它。”

但是攻打大桥对装备简陋的新四军来说，也有着不小的难度。由于顽军在大桥占据了很多天，早已做好了防止新四军杀回来的准备。构筑的工事十分坚固，还有很多明碉暗堡，墙外又挖了深 3 米、宽 5 米的护城壕，壕外还布有铁丝网。

1941 年 11 月 16 日晚，第 11 团 800 多名参战人员在数百名地方武装的配合下，隐蔽地接近了大桥。深夜时分，第 11 团突然发起攻击，迅速突破了前沿阵地，占领了大桥南端的小街，首先将地方土顽歼灭掉。之后，第 11 团发挥近战夜战的单兵优势，坚持以大刀和手榴弹为主要武器，向驻守大桥的桂军反复进行了冲杀，打乱了敌人的兵力部署。到第二天一早，终于攻克了大桥，歼敌大部。少数企图突围的残余敌人也在仓皇逃窜中被消灭。与此同时，企图增援大桥的桂军第 511 团第 2 营，在新张家地区遭到我军第 16 团的英勇伏击，全歼了顽军营长以下 300 余人。18 日拂晓，意图进行反击的国民党军第 10 游击纵队司令李本一，率领保安第 6 团 800 余人向大桥袭来，也被第 12 团打退。当天中午，第 13 团乘势以 5 个连的兵力攻克了广兴集。在全体指战员的奋勇作战和参战部队的密切配合下，大桥战役取得了最后的胜利。

战役胜利后，罗炳辉亲自主持了祝捷大会，他在大会发言中讲道，大桥战役的胜利，稳定了淮南抗日民主根据地的形势，巩固了津浦路西地区我军的阵地，挫败了桂系顽军的嚣张气焰，提高了根据地军民反对顽固派挑起摩擦的信心。

罗炳辉代表师部宣布授予在此次战役中表现突出的第 11 团、第 16 团以“铁锤子团”的光荣称号，并分别颁发了“铁锤子团”锦旗一面。在 2019 年 10 月 1 日举行的庆祝新中国成立 70 周年的阅兵方阵中，“铁锤子团”的战旗作为从全军遴选出的 100 面荣誉战旗之一，首次亮相国庆阅兵，光荣地接受了党和人民的检阅。

后来，日军派一个中队侵占了高邮湖西边的重镇金沟。罗炳辉考虑到以路东地方部队的实力去直接围歼消灭日军一个中队不容易，可能付出较大代价，于是决定先用纠缠战来对付敌人。根据罗炳辉的指示，独立团派出几个小分队，轮流袭扰。小分队神出鬼没，和当地民兵紧密配合，打打停停，停停打打，造成敌人的极度恐慌，等到敌人出来，我们又突然没了踪影。晚上，独立团又去摸哨，吸引恼羞成怒的日军出来追击，搞得敌人日夜坐卧不安。罗炳辉根据敌人可能要撤退的情况，将部队布置在金沟南北河口，封锁敌人逃路。结果取得了预期的胜利。除击毙、溺死许多敌人外，还活捉了包括敌翻译在内的多名俘虏。

1945 年年初开始，抗战形势发展很快。罗炳辉组织路东军分区部队加紧了对敌攻势。在罗炳辉的指挥下，不但是主力部队，甚至地方武装和民兵也坚持采用一切办法袭击敌人，纠缠敌人。敌人出来时，就隐蔽起来；敌人住下时，就摸哨，扔手榴弹；在敌人经过的路上埋地雷；在敌人通过的水上航道放水雷；敌人大队来攻时，就分散活动；敌人零星人员外出时，就进行坚决伏击。这样，敌人差不多每天都要遭受袭击。

从 1944 年 1 月到 1945 年 7 月，罗炳辉所在的第 2 师兼淮南军区部队，在淮南各级抗日民主政府和根据地人民群众的支持下，发动了对日伪军的局部反攻作战，多次粉碎日伪军对路东、路西根据地的“扫荡”；还多次打败了国民党桂顽的进攻。在此期间，罗炳辉抱病指挥路东的地方部队，积极主动地展开攻势作战，频繁出击各个日伪军据点，扩大了根据地，缩小了敌占区，在淮南敌后军民的共同努力下，淮南抗日根据地总面积达到了 2.1 万余平方公里，人口达 280 万，建立起了 17 个县级抗日民主政权，为迎接对日全面反攻奠定了坚实的基础。

1945 年 9 月 2 日，在东京湾停泊的美国“密苏里”号巡洋舰上，日本外相重光葵和日军参谋总长梅津美治郎分别代表日本天皇、日本政府和日本帝国大本营在投降书上签字。至此，中国抗日战争以胜利宣告结束，世界反法西斯战争也宣告胜利。

北上齐鲁阻顽敌

抗日战争胜利后，针对国民党反动派假和平、真内战的反革命阴谋，中共中央不得不决定以革命的两手对付蒋介石反革命的两手。为执行这个战略部署，9月25日，中共中央华中局、新四军军部作出了关于新四军分批进入山东的计划。按照计划，罗炳辉率领第2师的第4旅、第5旅约1.5万人北上。10月初，罗炳辉告别了生死相依的昔日战友，告别了曾经患难与共的淮南根据地的父老乡亲，踏上了奔赴山东的征途。

长期而紧张的征战，严重损害了他的健康。罗炳辉因胃出血得不到及时治疗而长期大量地便血，还曾因患高血压等病数次昏迷晕倒。新四军领导得知情况后，就曾要求他离职休假3个月，尽快恢复健康。但是他还是放不下巩固和扩大路东抗日根据地的心愿，在病休期间仍然利用病情稍微减轻的宝贵时间，坚持进行工作。

在山东滕县，罗炳辉和陈毅重逢了。老友相见，自然是倍感亲切。陈毅特别提到，在召开中国共产党第七次代表大会期间，中央领导同志知道了罗炳辉身体欠佳的消息后，极为牵挂，毛泽东、朱德、刘少奇、周恩来专门委托陈毅转达他们的问候。罗炳辉听了，感觉十分温暖。

接着，陈毅在罗炳辉的陪同下，亲临第5旅驻地进行视察，还召开连以上干部会议，传达中国共产党第七次代表大会精神，号召大家坚决打击进攻解放区的敌人。

陈毅在会场上风趣地说："此山是我开，此树是我栽，谁敢来摘果，把枪缴下来。"以此来表达进行自卫反击作战的理由和决心。

10月底，津浦前线野战军第2纵队（又称新四军第2纵队）正式成立，纵队以罗炳辉带来的第2师机关为基础，罗炳辉任司令员。上任伊始，罗炳辉就领受了以第5旅、第9旅会同第8师伏击进犯解放区的国民党顽军吴化文部的任务。

11 月 3 日，吴化文率第 5 路军总部及其主力第 1 军 5000 余人，连同接受国民党收编的日军的 105 联队 1000 余人，南北对进，准备会攻邹县。当天上午 8 时，罗炳辉在界河东南龙山上的第 2 纵队指挥所里，接到第 5 旅第 13 团团长宋文的报告，说是敌人出动了。

罗炳辉当即拿起望远镜瞭望，发现敌人已经在界河东北角的野地里张罗着集合了，黑压压的一片，看来是要有所行动了。

罗炳辉马上交代宋文："你要密切关注敌情的变化，看准时候直接断了敌人的后路，关好大门。"

不久，吴化文以日军为先导，自己率总部及第 1 军尾随其后，由界河沿着铁路两侧向北蠢蠢欲动。当日军通过的时候，伏击部队并没有理会。下午 1 时左右，当吴化文部的主力部队队尾离开界河全部进入伏击区时，第 5 旅突然发起了攻击，迅速地截断了敌人南逃的道路。与此同时，第 8 旅、第 9 旅也如同猛虎下山，从两侧冲了下去，将吴化文的部队进行了分割包围。

日军见漫山遍野突然都是新四军的部队，不

敢进行回援，只是远远地放炮表示对吴化文部的支援。因为各作战部队对吴化文部进行了切割，导致其首尾不能相顾，指挥陷入了瘫痪，很快就丧失了战斗力，最终大部被歼灭。吴化文见大势已去，抓紧带着几个亲信和卫士，在少数骑兵的护卫下狼狈地逃到了两下店日伪军的据点里。这次伏击战，仅用了半天就解决了战斗，歼灭吴化文第 5 路军总部及第 1 军 4000 余人，俘获军长于怀安、师长徐树声以下军官数百人。

界河伏击战胜利后的第二天，来不及休息的罗炳辉指挥第 5 旅又马不停蹄地进攻南界河。吴化文手下的一个团和土顽共 1000 余人，凭借着坚固工事和有利地形，负隅顽抗。导致第 5 旅第 13 团第一次攻击受挫。

为加强攻坚火力，减少部队无谓伤亡，尽快结束攻击战斗，罗炳辉从第 5 旅、第 9 旅各调两门山炮进行支援。那个时候的山炮没有瞄准镜，炮兵出身的罗炳辉要求炮手将山炮推到敌人炮楼附近进行抵近射击。随着震耳欲聋的巨响，敌人的炮楼和围墙都被摧毁了，南界河守敌如同惊弓之鸟，四处逃窜。战士们还把从第 8 师那里学来的爆破技术现学现用，直接拿来炸毁了火力点和中心炮楼，敌人彻底绝望，悉数被歼。

11 月 25 日晚，第 4 旅在第 19 旅的配合下，以“打好进入山东第一仗，向淮南人民报喜”为口号，发起了对韩庄的攻击战。

韩庄是津浦铁路上的一个大镇，紧靠运河北岸，扼守微山湖边，素有“鲁南门户”之称。这一地区长期有日伪军驻守，防御工事十分坚固。车站有日军一个加强中队 160 人，镇内和附近村庄有伪军 1 个团 1500 人。当天夜里，第 12 团先是扫清了外围，配合第 11 团攻入了镇内。激战至 27 日上午，全歼了这个伪军团，并迫使日军中队集体投降。接着第 12 团又截住了日军的一个联队 1000 余人，经政治规劝和军事威慑，该部日军全部放下武器，去徐州集中。

韩庄战斗结束后，罗炳辉十分高兴，他在第 4 旅旅长朱绍清、政治委员高志荣的陪同下，来到韩庄视察部队，还称赞他们打得好，牢牢把住了山东的南大门。

为国捐躯留英名

由于连续的、高强度的作战指挥压力，使罗炳辉所患的高血压症愈加严重。1945 年 12 月下旬，他已经不止一次昏倒在地，无法继续工作。陈毅只好对这位老战友下了离职休养的强制命令。在陈毅和其他领导同志的催促和安排下，罗炳辉只好答应到新四军军部兼山东军区机关所在地临沂进行休养。

原本考虑当地治疗条件有限，准备安排他转赴苏联治疗，但是 1946 年 1 月 3 日晚，罗炳辉的食道内血管突然破裂，只好就地治疗。由于他积极配合医生治疗，1 个多月后病情得到了有效的控制。

在临沂休养期间，罗炳辉越发向往延安。他安下心来，分别给毛泽东和朱德、康克清写信。正好赶上 4 月 3 日张云逸、黎玉等坐北平军调处执行部提供的美军飞机飞北平转赴延安，罗炳辉请他们转交了写好的两封信。不久后，毛泽东和朱德、康克清分别给他亲笔复信。

毛泽东在5月20日写给罗炳辉的复信中说："你身体有病，望多休养。留得青山，是很要紧的。"朱德、康克清在6月5日也给罗炳辉写信，祝他身体健康并取得更大的胜利。

在罗炳辉因病休养期间，国内的时局也发生了复杂的变化。国民党撕毁了"双十协定"、破坏了停战协定，已经着手准备发动全面内战。罗炳辉毅然结束休养，主动请缨，出任新四军第二副军长兼山东军区第二副司令员。

4月27日，罗炳辉奉命率山东野战军部分指挥人员，前往鲁南前线视察部队，检查战备工作。之后的一段时间，罗炳辉在进行战备动员、指导战法研究和布置战勤保障等方面，做了不少工作。

5月31日，罗炳辉根据新四军军部电话通知，于当晚8时返回临沂，向陈毅汇报情况。当晚12时，他才回到离开了1个月的家中。第二天一早，罗炳辉又要和家人分别了。他知道自己已经身体不支，便郑重地告诉妻子：“我受党长期的培养和爱护，这次重上前线是为党和人民捐躯，也是完全值得的……我毕生没有打过败仗，在我牺牲前，我还要再打一个胜仗，作为我对党的最后一次献礼。”

根据新四军军部的统一部署，罗炳辉负责对鲁南枣庄地区王继美部的作战。

枣庄号称山东省第一大庄，是鲁南地区历史悠久的煤城，是陇海、津浦铁路的要点，既是徐州外围的重要据点，也是挺进山东腹地的重要基地。当时盘踞在鲁南枣庄的正是伪军王继美部。

王继美部原为伪军保安大队，抗战胜利后被国民党收编，共 4000 余人，国民党派第 19 集团军副参谋长王纲担任指挥。在 1 月 13 日停战协定生效前，该部正在被由皖江地区北调的新四军第 7 师的部队包围。当停战协定开始生效后，第 7 师奉命停止了攻击。为了监督停战命令的执行，在北平军事调处执行部的协助下，由美方、国民党和共产党各派代表组成了驻枣庄第 22 执行小组，中共代表为甘重斗。但在停战后，枣庄伪军故意违反停战协定，不断向驻枣庄的第 7 师部队阵地进行骚扰。甘重斗代表多次提出质问、警告，王继美不仅毫无悔改之意，竟于5月21日指使伪军、特务百余人，将甘重斗和译员吴武汉殴打成重伤。

第二天，正在第8师第22团对部队讲话的罗炳辉接到陈毅军长发来的急电，告知甘重斗代表被打成重伤的消息，要他研究处理。罗炳辉对王继美部的罪行极为愤慨，决心予以严惩。

对于甘重斗被殴打的事件，山东野战军指挥部向国民党当局提出严重抗议，并致电北平军调部立即严惩凶手，解散伪军王继美的部队，制止一切违法的军事部署和军事进攻等。然而，国民党方面对抗议置之不理，伪军王继美部变本加厉，竟主动向第7师阵地发起进攻，并在战斗中使用毒气，导致第7师部队7人中毒，一位营长牺牲。

为了给国民党发动反革命内战者以迎头痛击，保卫和平，保卫解放区，在忍无可忍的情况下，罗炳辉下令于6月9日晚发起枣庄战斗。

在战斗前，他召集参战部队领导干部开会，讨论了攻占枣庄的方案，又亲自率领团以上干部到枣庄侦察敌情，具体研究进攻的路线和打法。参战部队指战员目睹伪军王继美部的罪行，斗志昂扬，决心为鲁南人民和甘重斗代表报仇。

6月9日晚上7时，在罗炳辉的统一指挥下，第7师、第8师都派出了精锐部队，同时向枣庄伪军王继美部盘踞的据点发起攻击。第8师的部队首先突入，第7师的部队接着也打了进去。伪军在猛烈的打击下，纷纷缴械投降。

王继美率残部向南突围，途中被第7师第19旅消灭，王继美当场被打死。到了10日早晨，枣庄战斗胜利结束，4000余名伪军全部被歼，其中俘获国民党第19集团军副参谋长王纲、专员鲍国良以下官兵3300余人，缴获大批战利品。由于国民党当局还不知道王继美部被消灭的消息，还在6月10日上午两次派飞机来空投弹药，也被我军作为战利品一一接收。

枣庄的解放、王继美被击毙，给徐州国民党军的进犯以当头一棒，使10万矿工及附近居民重见天日，广大人民欢欣鼓舞，庆祝胜利。

枣庄战斗是罗炳辉征战多年参加和指挥的数不清的战斗中的最后一仗。这一仗的胜利，实现了他要再打一个胜仗，作为他对党最后的一个献礼的夙愿。

此时，罗炳辉得知国民党军第60军第184师师长潘朔端率部于5月29日在辽宁海城起义，他为这支滇军部队获得新生而感到庆幸。罗炳辉出身于滇军，对云南人民及滇军的发展变化十分关心。同时，他也回忆起几年前在武汉中共中央长江局工作时与国民党第60军这些爱国将士的交往细节。于是，他立即亲手草拟贺电，并分函其云南故交。

在这以后的几天，罗炳辉还强撑着病重的身体，召集第7师、第8师等干部研究了枣庄的善后工作，同山东野战军参谋长宋时轮研究了鲁南的战备工作。这时，国民党向解放区大举进攻的企图越来越明显，他请宋时轮参谋长于6月17日赴临沂向陈毅军长汇报，听取指示。这是他生前进行的最后的工作。

6月18日后，血压很高的罗炳辉又患了肠胃炎，并发烧，时常昏迷。可每次从昏迷中醒来，他就要问:“有什么电报来没有?”“前线有什么

消息？”

6月19日，陈毅闻讯，从临沂赶来，守护在罗炳辉的病榻前。

6月20日，罗炳辉腰部、头部疼痛难忍，甚至痛得在床上打滚。

6月21日早饭后，罗炳辉由山东野战军指挥部派一辆大卡车起程返回临沂。罗炳辉躺在担架上，时任第2纵队司令员的韦国清、山东野战军政治部副主任张凯和警卫人员、医务人员随车护送。

那天烈日炎炎，热浪滚滚，由于道路不平，卡车颠簸得厉害，车速只好放慢。为了防晒，卡车外面罩上了油布，反倒是让车厢里更加密不透风，如进蒸笼。罗炳辉汗如雨下，十分难受。

下午3时，卡车到了兰陵，罗炳辉让车停下休息，要警卫员去买东西给大家吃。就在这时，罗炳辉的病情突然恶化，昏迷不醒。陪同的医务人员立即就地抢救，但还是没有明显好转。

警卫员立即跑到当地的长途电话站，通过总机向陈毅军长报告，陈毅在电话中一面指示继续抢救，一面带着山东野战军指挥部及第2纵队的领导同志，立即乘车赶赴现场。新四军卫生部副部长宫乃泉，从临沂骑着摩托车赶到兰陵参加抢救，但罗炳辉已经呼吸困难，处于弥留之际。

1946年6月21日下午5时，罗炳辉那颗对革命事业无比忠诚的心脏停止了跳动。那年，他49岁。

07 尾　声

罗炳辉生前经常讲：“人生最快慰的是真正勇敢地牺牲个人的一切利益，最热诚努力地为民族独立、自由解放而斗争，尤其是要为劳动大众的解放和利益，以真理、正义、公道为人类的幸福而斗争。”

罗炳辉逝世的噩耗迅速传到了临沂。中共中央华东局、新四军兼山东军区、中共山东省委、山东省人民政府、山东省参议会于6月21日晚上召开了紧急会议，成立了治丧委员会，发出了讣告，沉痛宣告新四军第二副军长兼山东军区第二副司令员罗炳辉病逝。

6月22日凌晨，罗炳辉的遗体运抵临沂城，停放在文庙已经布置就绪的灵堂里。山东党政机关、群众团体、部队指战员和各界民众都纷纷前往吊唁。临沂城沉浸在一片悲痛之中。

罗炳辉的老战友、新四军军长陈毅在追悼会上致悼词说："我们与罗炳辉同志多年一块作战，现在却只能瞻仰遗容，这是我们最大的悲痛……特别是在国民党反动派积极发动大规模内战的紧张局势之下，使我们更加沉痛。但我们在最悲痛时也不能消极，这将教育我们对法西斯反动派更加仇恨！""他的死是一个号召，号召山东全体军民起来继承遗志，实行严正的自卫！"

陈毅最后在灵前宣誓："你未竟的事业，我们一定去完成！"

罗炳辉未能在生前看到全国解放的伟大胜利，他过早地离开了人世。然而，他的名字却和中国人民解放斗争的各个历史阶段紧密结合在一起，他的革命精神永垂不朽！

1950 年，临沂华东革命烈士陵园建成后，罗炳辉的遗骨被迁葬于陵园内，还为他修建了花岗石陵墓。

毛泽东为烈士纪念塔题字"革命烈士纪念塔"。其他党和国家领导人在罗炳辉的陵墓上题了光辉的悼念词句。

朱德的题词是“革命到底死而后已，精神不死万古长青”。

周恩来的题词是“人民的功臣，罗炳辉同志不朽”。

刘少奇的题词是“志在革命，功在人民”。

任弼时的题词是“永垂不朽”。

陈毅的题词是“为被压迫阶级争自由剧战久经到死不离民众，当反革命势力已陨灭丰碑特建勒铭永记殊勋”。

1955 年，罗炳辉墓前增修了罗炳辉将军纪念亭，亭上门匾上刻有“瞻容思功”4 个金色的大字。一尊高 1.9 米，体态魁梧、英姿勃发的罗炳辉戎装雕像伫立亭中，再现了将军生前的风采。

为缅怀罗炳辉的光辉业绩，弘扬罗炳辉的革命精神，各地的党、政府和人民以不同的方式纪念他、追思他。

1979 年，上海电影制片厂为庆祝新中国成立 30 周年，拍摄了电影《从奴隶到将军》，生动地展现了罗炳辉充满传奇的一生，讲述了从一个农民的儿子成长为一位中国人民解放军军事家的故事。

1987 年 8 月 1 日，安徽省为纪念罗炳辉将军曾在皖抗战 8 年，在合肥市落成一座罗炳辉身着戎装、跃马远眺的纪念铜像。

1988 年，罗炳辉故居被列为云南省重点保护单位。

1994年，中央军委确定毛泽东、周恩来、朱德、彭德怀等 36 人为中国人民解放军军事家，罗炳辉位列其中。

1997 年 11 月 11 日，罗炳辉的故乡云南昭通万人集会，在新建的炳辉广场隆重举行了罗炳辉将军铜像的落成揭幕仪式。同年，中共安徽省天长市委、天长市人民政府为纪念罗炳辉任新四军第 2 师师长时在淮南、皖东抗日的丰功伟绩，创办了炳辉中学。

1997 年 12 月 22 日，是罗炳辉诞辰 100 周年。为纪念这位无产阶级革命家、军事家，中国工农红军和新四军的高级指挥员，时任中共中央总书记、国家主席、中央军委主席江泽民欣然题词："人民功臣罗炳辉将军"。

1998 年 2 月 18 日，中共云南省委、云南省人民政府在北京人民大会堂隆重举行纪念罗炳辉同志诞辰 100 周年座谈会。时任中央政治局委员、中央书记处书记、中央军委副主席张万年在座谈会上讲话指出：“罗炳辉同志虽然英年早逝，但他的名字永远镌刻在中国人民革命战争史上。他的光辉业绩和崇高风范，永远值得我们缅怀和学习。”

2009 年，罗炳辉被评为“100 位为新中国成立作出突出贡献的英雄模范人物”。

百年间风雷激荡，中华儿女不懈求索，百折不挠；看山河沧桑巨变，神州大地英雄辈出，群星灿烂。人民的功臣，民族的英雄，祖国和人民永远不会忘记他们。一个英雄就是一座爱国主义的不朽丰碑。革命英烈罗炳辉不朽的精神，就像一面旗帜，指引着中华儿女沿着中国特色社会主义道路阔步前进。

后　记

在罗炳辉极富传奇的人生经历中，我们可以学习到许多东西，相信每一位读者在读完本书后都会有自己的体会。

在中央军委确定的中国人民解放军36位军事家名单中，罗炳辉就是其中之一，足见他在中国人民解放军历史上的地位与殊荣，他的经纬谋略、大智大勇，和他为党、为祖国、为人民立下丰功伟绩一样，必将永远为广大中华儿女所铭记。

在编写本书过程中，得到军事科学院军队政治工作研究院领导和机关的大力支持；赵一平、康月田、张明金、李平、李博、陈政举等多位专家学者对本书进行了审读，提出了宝贵的意见。

本书主要参考的资料有：《罗炳辉军事文选》（军事科学院《罗炳辉军事文选》编写组著 / 军事

科学出版社)、《罗炳辉传》(军事科学院《罗炳辉传》编写组著/军事科学出版社)、《中国人民解放军高级将领传·罗炳辉》(宋霖著/解放军出版社)、《罗炳辉将军》(中共云南省委党史研究室、中共彝良县委员会著/云南人民出版社)等。

在此,谨向关心和帮助本书写作的各位领导、专家学者,以及上述书刊作者、编辑致以深深的谢意!

图书在版编目（CIP）数据

罗炳辉 / 军事科学院解放军党史军史研究中心编. --北京：学习出版社，2022.11

（中华先烈人物故事汇）

ISBN 978-7-5147-1099-1

Ⅰ. ①罗… Ⅱ. ①军… Ⅲ. ①罗炳辉（1897—1946）—传记 Ⅳ. ①K825.2

中国版本图书馆CIP数据核字（2021）第250905号

罗炳辉

LUO BINGHUI

军事科学院解放军党史军史研究中心

责任编辑：彭绍骏　沈潇萌　　封面绘画：刘书移
技术编辑：朱宝娟　　内文插图：韩新维
美术编辑：杨　洪　　装帧设计：楠竹文化

出版发行：学习出版社
北京市东城区崇外大街11号新成文化大厦B座11层（100062）
010-66063020　010-66061634　010-66061646
网　　址：http://www.xuexiph.cn
经　　销：新华书店
印　　刷：北京盛通印刷股份有限公司

开　　本：787毫米×1092毫米　1/32
印　　张：5.5
字　　数：78千字
版次印次：2022年11月第1版　2022年11月第1次印刷

书　　号：ISBN 978-7-5147-1099-1
定　　价：21.00元

如有印装错误请与本社联系调换，电话：010-67081356